探索人类起源，
追溯人类对黄金痴迷之源，
颠覆科学认知，实证生物外来论！

  伴随着250多张原始的全彩图片，迈克尔·特林格记录了数以千计的在南非发现的石质环遗迹、古巨石、古道路、农用梯田，以及史前矿井。他揭露了这些年龄超过20万年的遗址是如何完美地保存下来，并阐述了这些遗迹与苏美尔泥板的描述具有相关性。特林格认为这块土地上的第一批子民是阿努纳奇人创造的为掘金活动而存在的地球上的首批人类。阿努纳奇人来自于太阳系的第12颗行星——尼比鲁星。地球上第一批掘金人的领袖是恩基。地球上首批人类的发源地是南非。

  特林格在南非的上空拍摄了非常多的鸟瞰图。通过图片向我们展示了"那些石质环遗迹的延伸结构"、"那些铺设复杂的道路蕴含了怎样的几何学原理"；描绘了"类特斯拉技术的残骸如何产生能量"、"漫长的通道如何直通地球内核探寻黄金"，并以此来分析人类起源的未解之谜。在图片证据的辅助下，特林格还为我们揭示了"那些因阿努纳奇人诱发的人类文明所创造出的分布于世界各地的图腾"具有怎样的相关性。如：荷鲁斯鹰、狮身人面像、安可、大金字塔。与此同时，特林格还探讨了"古人的石刻"（在坚硬的岩石上留下的那些雕刻符号和图案），它们与苏美尔泥板中的那些象形文字如出一辙。

  特林格测绘了南非数以千计平方英里且连绵不断的古人定居点，得出结论：南非任何一处遗失之城的占地面积都远大于今天的美国洛杉矶；南非的首批居民具有尖端的物理学天文学知识，甚至超越了今天的人们对科学的认知；南非的石质环遗迹具有能量传导功能，诸多遗失科技尚待我们发现。

  著名教授撒迦利亚·西琴提出了"阿努纳奇殖民地球"的人类起源论，特林格已找到了相关的物理证据。

科学可以这样看丛书

African Temples of the Anunnaki
失落的非洲寺庙

恩基及其金矿的遗失科技

〔南非〕迈克尔·特林格（Michael Tellinger）著

张敬 耿沫 译

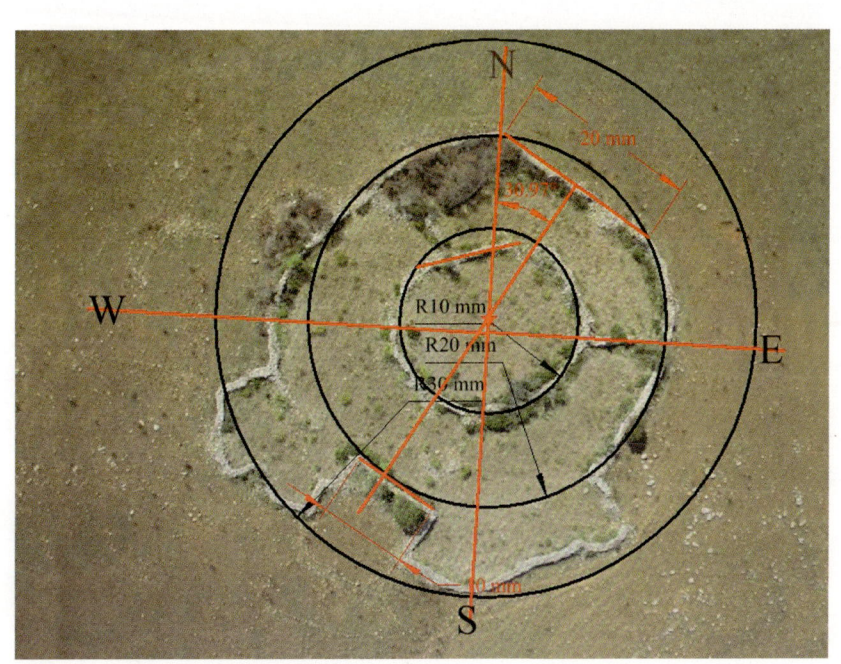

重庆出版集团 重庆出版社

AFRICAN TEMPLES OF THE ANUNNAKI:
THE LOST TECHNOLOGIES OF THE GOLD MINES OF ENKI BY MICHAEL TELLINGER
Copyright: © 2009, 2013 BY MICHAEL TELLINGER
This edition arranged with INNER TRADITIONS, BEAR & CO.
Through BIG APPLE AGENCY, INC., LABUAN, MALAYSIA.
Simplified Chinese edition copyright: © 2017 Chongqing Nutshell Cultural
Communication Co., Ltd.
All rights reserved
版贸核渝字（2013）第324号

图书在版编目（CIP）数据

失落的非洲寺庙 /〔南非〕迈克尔·特林格著；张敬，耿沫译. — 重庆：重庆出版社，2018.2（2018.10 重印）
书名原文：African Temples of the Anunnaki
ISBN 978-7-229-12630-8

Ⅰ. ①失… Ⅱ. ①迈… ②张… ③耿… Ⅲ. ①名胜古迹—南非共和国—图集 Ⅳ. ①K947.89-64

中国版本图书馆CIP数据核字(2017)第214585号

失落的非洲寺庙
AFRICAN TEMPLES OF THE ANUNNAKI
〔南非〕迈克尔·特林格（Michael Tellinger）著
张敬 耿沫 译

责任编辑：连　果
责任校对：朱彦谚
书籍设计：博引传媒

重庆出版集团
重庆出版社 出版

重庆市南岸区南滨路162号1幢　邮政编码：400061　http://www.cqph.com
重庆市国丰印务有限责任公司印刷
重庆出版集团图书发行有限公司发行
E-MAIL:fxchu@cqph.com　邮购电话：023-61520646

重庆出版社天猫旗舰店
cqcbs.tmall.com

全国新华书店经销

开本：1020mm×1160mm　1/12　印张：21.5　字数：250千
2018年2月第1版　2018年10月第1版第2次印刷
ISBN 978-7-229-12630-8
定价：88.00元

如有印装质量问题，请向本集团图书发行有限公司调换：023-61520678

版权所有　侵权必究

■ ■ ■

*Scholars have told us that the first civilization
on Earth emerged in a land called Sumer
some 6,000 years ago. Recent archaeological findings
suggest that the Sumerians inherited some of their
knowledge from a far earlier civilization
that emerged many thousands of years before them in
southern Africa—the Cradle of Humankind.*

学者们告诉我们，地球上的第一个文明出现在大约6 000年前一个被称为苏美尔的土地上。然而，最新的考古学发现认为，苏美尔人是从另一个更早期文明——人类的发源地那里继承而来。
这个文明的出现比苏美尔文明早出数千年。

Advance Praise for *African Temples of the Anunnaki*
《失落的非洲寺庙》一书的发行评语

《失落的非洲寺庙》收录的古遗址图片是所有有关"遗失文明"类图书中最多的。本书考察了南非数以百万计的矿山、能源圈、农业梯田、历法和雕像，它们不同程度地被泥沙掩埋，它们存在了至少上万年的时间。如果你对考古学、古文化学、人类起源学感兴趣，本书将是你的必读品。

——凯尔·菲尔森（Kyle Philson）
《扩展视角》（*Expanded Perspectives*）2014 年 1 月

这是一本美丽的图画书，书中包含了惊人的发现和景象，它对传统人类历史观提出了挑战。本书的最后一章提及了作者在南非发现了神秘的巨大的脚印石块，从实证的角度推测这里曾有巨人的存在。虽然主流科学界选择性地忽略了这个证据，但它却实实在在屹立在那块土地。

——阿兰·格拉斯（Alan Glass）
《新黎明杂志》（*New Dawn Magazine*）2014 年 2 月

科学家和研究员迈克尔·特林格（Michael Tellinger）使用航空照片记录了南非的古城遗址及古道路，这些道路预示了前人们拥有先进的物理学技术与黄金采集技术。南非的古城覆盖面积甚至大于今天的美国洛杉矶。现今的许多科学图书馆都能找到与本书相关的杰出文献和实证证据。

——《美国中西部书评》（*Midwest Book Review*）2013 年 7 月

这本书提供了大量的考古证据，证明了在苏美尔文明和埃及文明之前的非洲南部才是地球上最早的人类文明起源地。这个文明至今已超过 20 万年时间。也许有人会问，难道以前就没人注意到这些阿努纳奇人在非洲修建的寺庙照片？以前就没有人仔细审视过南非的这些奇特结构和岩画？答案是，当有人告诉你这些符号并无意义的时候，我们总会选择简单地相信和接受。特林格希望读者们通过本书的阅读可以学会自信并提出问题，因为科学最需要的是批判精神。

——《读者网站》（*Sir ReadaLot.org*）2013 年 7 月

前 言

迄今为止，我认识的最为勇敢的两个人一是作家迈克尔·特林格（Michael Tellinger），另一个是飞行员兼摄影师约翰·海涅（Johan Heine）。"勇敢"一词也许会让人联想到愚昧无知这类负面含义，但这位科研工作者和飞行员的勇敢则深深扎根于科研发现。在千禧年之初，他们的研究成果推翻了人们对过去10万年的人类历史所持有的传统见解，开创了一种革新理念。这一理念撼动了人类对自身起源认知的根基，尤其是在哲学、心理学、历史和宗教领域。所以，他们的这种勇敢定会面临到严峻的挑战。革新者很少会在当下便备受推崇，他们的研究价值往往在很久以后才得以彰显并被大多数人所接受。因此，有人不禁会问，"为什么他们仍如此大费周章？"其实，这是一个真正的科学家必须具备的一种素质。

■ 作者研究过的那些神秘的引人入胜的石质结构之一的特写镜头。

读者在翻看这本书的插图时，第一反应便是"为什么此前从未有人认真研究过这数千种石质结构与古画"。答案是，"当他人告诉我们，这些东西并无太大意义时，我们总习惯于接受这个解释"。本书的目的，就是打破这种习惯状态，让每一位读者重新审视人类文明的起源。甚者，读者可能会通过我们的介绍推断出也许我们的祖先比我们更加富有智慧。

在非洲，总有一些新奇之事发生。（拉丁语：Ex Africa semper aliquid novi）

——彼得·瓦格纳（Pieter Wagener），法学博士

[彼得·瓦格纳获得了哲学、语言学、音乐学专业的学士学位，又取得了化学、数学、物理学、法学专业的硕士学位，以及应用数学和法学的博士学位。他主要研究古人类学和万有引力定律，其学术研究成果刊登在众多科学和人文学科的杂志上。目前，他正在撰写一本南非的物理学史《寻找诸神和天使》（In Search of Gods and Angels），这本书从远古发达的社会寻根，一直延伸到现代的南非。]

自 序

2007年4月，我在比勒陀利亚与约翰·海涅相遇，从此我的人生发生了天翻地覆的变化。他来参加我的《物种之神》新书宣讲发布会，那时的他并不知道我是一名来自南非的作家。宣讲结束后，他问我是否愿意看一些南非的奇异石和古代遗迹。随即，他取出随身携带的笔记本电脑，向我展示了他15年来所记录的航拍照片。

想必每个人第一次见到这些石质结构时都会是一副目瞪口呆的表情吧，我也不例外。我纳闷此前的历史学家和考古学家从未发掘过这些东西。也正是在这个时候，我强烈感觉到这些石质结构与我正在撰写的《物种之神》有着千丝万缕的关联。6个月过后，我和约翰又聚到了一起，这次我坐上他林业消防公司的直升机，亲眼目睹了那些古代遗迹。

从我们第一次一起外出开始，事态就异常明朗，南非主流学术界不会对我们的所作所为感兴趣或者有所支援。去参观遗迹的那天，约翰邀请了南非诸多大学里的历史学家、考古学家、地质学家。但没人愿意接受他的这次慷慨的邀约——要知道这次飞行经历是无数人梦寐以求的。我是唯一一个赴约之人。

西里尔·霍姆尼克（Cyril Hromnik）博士在1981年出版过《印度——非洲》一书，这本著作阐释了南非那段不为人知的历史，他对南非历史的研究做出了极大贡献。约翰在他的帮助下，测量并分析了几处历史遗迹。我们的第一个重大发现就是意识到这些石质遗迹并不是普通的结构，而是与太阳的运动、夏至、冬至相对应的——显然是一种事先设计好的形状，一种智慧的象征。

在这里，我要万分感谢约翰和他的妻子莉莎特（Lizette），感谢他们这么多年来所做出的贡献。他们一边拍摄历史遗迹，一边试图让南非的学术界关注这些古迹的重要性，还与我分享了他们收集到的信息。

同时我也还要感谢马科马提基金会（MaKomati Foundation）和西里尔·霍姆尼克博士，他对此次行动有着非凡的洞察力，并明晰南非马科马提人对过去几千年的影响力，这一点改变了我们审视历史的角度。这位机敏的学术研究员由于他的另类观念被学术界逐出门外。在我看来，他的观念应该教授给那些渴望得到真理的年轻学子，而不是被雪藏起来。

若是没有约翰·海涅、西里尔·霍姆尼克以及马科马提基金会的介入，我正在开展的这项研究、重大发现和结论就不可能实现——他们给我提供了支持和材料让研究工作得以进行下去。

任何研究和探索的过程都少不了沮丧和狂喜的交织。像我进行的这次研究工作并不是

■ 这个构造被两堵外围的墙所环绕

一项容易的任务，若是没有诸多个人以及团体的不断支持（除了我刚才列出的名字外），就不可能完成工作。很多人以各自的方式对这些探索做出贡献，有的甚至没有意识到自己的行为对我们所起到的帮助。在这里，我要列出那些对我的研究有过帮助的人，并向他们以及我可能漏掉的人献上最诚挚的谢意。请你们保持自己的那份热情，继续探索下去。

我要感谢保罗·范·尼尔克（Paul van Niekerk）以及其他的贡献出自己的土地被用于此次探测的农场主们。布莱恩·杨（Brian Young）、布鲁斯（Bruce）、如莉尔·普特利瑞斯（Roelie Pretorius）、彼得·瓦格纳博士、吉迪恩·格罗恩瓦尔德（Gideon Groenewald）博士、麦克·范·尼尔克（Mike van Niekerk）、特尼斯（Theunis）、本·纽伍德特（Ben Niewoudt）、琳达·庞帕里（Linda Pampallis）、安琪·科尔福德（Angie Shackleford）、马特·罗（Matt Louw）、汤普森·特拉沃（Thompsons Travel）、温·桑德斯（Win Saunders）、尼古拉·威尔逊（Nicola Wilson）、鲁迪（Rudi）、佩特洛·杜·普莱希斯（Petro du Plessis）、蕾妮特·范·尼尔克（Reinette van Niekerk）、安迪·斯塔勒（Andy Stadler）、约翰·齐茨曼（Johan Zietsman）、西里尔·霍姆尼克、理查德·麦卡锡（Richard McArthy）、理查德·格林（Richard Green）、理查德·韦德（Richard Wade）、威廉明·霍尔金森（Willemien Hodgkinson）、福瑞德·费瓦（Fred Favar）、火力工作小组（the Working on Fire team）、古斯塔夫（Gustav）、亚历克斯·范·瑞斯伯格（Alex van Rensburg）、DJ. 范·汤达（DJ van Tonder）、威廉·德·斯瓦特（Willem de Swart）、约翰·沃林顿（John Wallington）、法兰斯·克鲁格（Frans Kruger）、乔治·范·吉尔斯（George van Gils）、梅文·威廉姆斯（Merwyn Williams）、达瑞尔·弗里曼（Darryl Freeman）、彼得（Peter）、如斯·霍布森（Rose Hobson）、尼克·范·诺特维克（Nick van Noordwyk）、莉莉·哈廷（Lily Hattingh）、彼得·巴特斯蒂（Peter Batistich）、比尔·梅林派德（Bill Maliepaard）、朱尼塔·库切（Junita Coetzee）、特德·卢克斯（Ted Loukes）、路易斯·克拉克（Louise Clarke）、瓦特法尔—波文（Waterval-Boven）以及其他人。

简 介
古人类历史

■ 这个古代结构横跨穿越整个田园，这些石块和隐藏其中的奥秘被完整地保存了下来。

南非古代史是人类最大的未解之谜之一。正当全世界的目光投向埃及、美索不达米亚、墨西哥和其他人口密集的地方之时，很少人关注人类真正的发源地——南非。自从2003年以来，我们在南非的探索发现如此令人震惊，先前那些有关人类历史的观念已不再适用，人类需要转换角度来审视自己的历史。历史是由胜利者所写，显而易见的是，数百年来它的作者已经将它严重扭曲。因此，我们应该首先设定自己其实并不了解人类历史的进程。我们要抛开先入为主的观念，摒弃我们自认为是谁以及来自哪里的传统观点，因为有些人可能并没有准备好接受我们的研究结果。至关重要的一点是，我们要遵循已知的线索，不会因为现有的证据不符合历史学家对人类历史的勾勒就对此有半点隐藏——历史学家可能并不了解整个历史的全貌。

目 录 CONTENTS

前言 ■ 1

自序 ■ 3

简介 古人类历史 ■ 7

1 远景 ■ 1
2 隐藏的历史 ■ 15
3 人类的起源和神话 ■ 21
4 我们信仰的基石 ■ 25
5 古城墙 ■ 29

6 对星体的痴迷 ■ 55
7 亚当历法 ■ 63
8 南非的狮身人面像 ■ 69
9 亚当的金字塔 ■ 75
10 测量法 ■ 79

11 大洪水 ■ 85
12 遗失之城——消失的文明 ■ 87

目录

13 计算可能性 97

14 古老的农用梯田 103

15 古老的道路和神秘能量 109

16 古代悬浮装置和黄金的白色粉末 121

17 遗迹之形是能源装置 125

18 人口之谜 133

19 从石器时代到铁器时代 137

20 寻找黄金 153

21 苏美尔泥板 165

22 非洲人——苏美尔人的联系 171

23 原始人石刻 177

24 鸟瞰图 187

25 巨石 213

26 巨人、工具与其他的异象 229

结语 237

1 远景

历史的主旋律告诉我们一个简单又熟悉的故事：地球上的第一个文明是大约 6 000 年前诞生在底格里斯河（Tigris）和幼发拉底河（Euphrates）流域之间的苏美尔文明。本书将讲述在非洲南部的最新考古发现，有助于读者进行深入思考。据最新考古发现表明，苏美尔文明甚至包括埃及人都从某个更早期的文明那里继承了很多知识。这一更早期的文明曾一度活跃在遥远的过去。

沙努西·科瑞多·穆特瓦（Sanusi Credo Mutwa）大概是南非最出名的远见家了。他是一名僧人，也是一名巫医（Sangoma）。（巫医：指非洲南部的传统医治者。在过去，巫医专指通过占卜来治病的人。而草药师则与之相反，他们通过药材来给人治病。在今

■ 沙努西·科瑞多·穆特瓦——他是一名没有被歌颂的英雄。他为这个令人困惑的星球上的数以百万计的人们提供了智慧导航灯。

■ 科瑞多自制宣传板——注意非洲伟大的隐藏遗产

天，这两个词的含义也已发生变化，大部分传统医治者都把这两种办法结合起来给人看病。）多年以来，他一直提及南非存在比当下发现更早的古文明，许多所谓学富五车的学者都对此嗤之以鼻。2003年，约翰·海涅在南非发现了石头日历，即亚当历法（Adam's Calendar）。当时，他从未想过这将成为星星之火，而后引发了大批考古证据的出土。这些陆续被发现的证据都可以用来证明科瑞多·穆特瓦的观点是正确的。

南非的普马兰加省（Mpumalanga）和部分其他地区之前被人们认为是苏美尔和埃及文明的起源地。近年来，人们陆续在那里发现了大块巨石雕像、岩石雕刻和各种符号。这些都可以用作证明科瑞多·穆特瓦的观点。我收集了很多具有说服力的手工艺术品，但我不会仅因为这些就轻易做出什么判断。我需要弄清楚这些手工艺术品是在一个什么样的时代被创造出来的，以及苏美尔泥板上的文字记录。在所有这些因素都被综合考虑的情况下，我才会做出自己的判断。苏美尔泥板是人类历史上最古老的书写记录，而泥板上的文字经常提及非洲南部地区。这让我几乎可以肯定，在苏美尔或埃及文明诞生之前，就有大量人类活动发生在这里。泥板上清晰地记载着人类第一个文明出现在几千年前一个被他们称作阿普斯（ABZU）的土地上——那里是非洲南部第一批子民的地盘，也是产生金子的地方。

当我在2007年年底首次开始研究南非的石质遗迹时，我完全没有意识到自己研究的这些遗迹，将有极大可能成为解释人类起源之谜的拼图中那缺失的重要一块。随着时间的推移，这些谜团也日渐清晰起来，我曾经收集到的那些奇怪的工具和史前器物将会成为我们论证的事实证据和最重要的线索。

许多伟大的发现似乎都是被那些旅行者和探索者无意间发现的，他们总能保持高度的警惕性，并且可以在他们的周遭事物中发现不平常的东西和异常现象。约翰·海涅就是一个很典型的例子，他是在一次航行中发现了这些奇怪排布的石头。他所遇到的这一切被证明是一个有着蕴藏着许多未解之谜的复杂古代历法。

当我第一次看到这些石质遗迹和石头历法，也就是之后我将其命名为亚当历法（Adam's Calendar）的这些东西，我有一种强烈的感觉，它们和我曾在《物种之神》（*Slave Species*

■ 一个苏美尔十字架——这不过是距南非的金伯利（Kimberley）不远处的德里科普斯埃兰德（Driekopseiland）发掘出的成千上万的古代岩画中的一幅罢了。它被刻在一块平滑的、冰蚀的安山岩的一个平面上，这仅是那些大量的已知的巨石中的一块。在古非洲人的传统中，这个符号代表着"马博那（Mabona）"——光之主人。关于这个十字架的确切意义已经在全世界的其他地方被确定了。

of God）中谈及到的信息冥冥之中有着某种联系。我从约翰内斯堡（Johannesburg）搬到了普马兰加省的一个叫瓦特法尔—波文的小镇上，开始正式攻克我的新痴迷对象——南非销声匿迹的古老文明。

这个贫穷的铁路沿线的小镇位于那些石质遗迹的密集区的核心之右。它距离亚当历法大约40分钟的路程，亚当历法是在小镇偏东方向的被称为卡普谢胡普（Kaapschehoop）的一个山顶小村里被发现的。在南非战争（第二次布尔战争，1899—1902）期间，瓦特法尔—波文镇和瓦特法尔欧德（Waterval Onder）镇（意为"河流上游"和"河流下游"）开始变得有名。这场战争是大英帝国和大约80 000个布尔人以及上千个南非黑人之间的

■ 瓦特法尔—波文镇——1954年的航拍图——显示出了许多遗迹，然而如今已经不复存在。

战争。他们代表着两个独立的布尔共和体：南非共和国（德兰士瓦共和国）和奥兰治自由邦。许多战士宣誓效忠保罗·克鲁格（Paul Kruger），也就是德兰士瓦共和国的总统。那个克鲁格曾短暂驻留过的小屋子，同样也是激励着布尔突击队的小屋子，如今已成为了瓦特法尔欧德镇的小博物馆。克鲁格出于两个原因被人们铭记：克鲁格公园和克鲁格金币（Krugerrands），他的名字将永恒等同于金子，大多数人对此并不会感到惊讶。

至于我为什么要引入这段南非历史，是因为至今为止，它仍残余着大英帝国所交战过的最昂贵的战争遗迹。在这个地方，他们抛弃了他们所能抛弃的一切。那时，大约470 000 的英国军人被送往南非去解决布尔问题。他们其中还包括：澳大利亚人、新西兰人、加拿大人。他们的任务非常简单——无论付出怎样的代价，控制住这个地区的局势。这是怀特兄弟（Wright brothers）之前的时代，那个时代没有飞机作为运输工具。这支存在于100 多年前的庞大队伍，他们的前行仅能依靠船只运输。回看海湾战争（Gulf War）中的美国和英国方面，截至2012 年10 月，在海湾，已经有了将近250 000 人的美国军队和45 000 人的英国军队。这意味着，在当年的南非战争中，英国投入的军队数量甚至要多于100 年后的海湾战争。

这是一个相当壮观的场面：大英帝国为了得到更多的军队力量，调集了大量马匹、大炮、马车，以及远远领先于南非人的武器装备来对抗一支骑在马背上的农民队伍。如此的声势浩大无疑是他们绝不能失去对奥兰治自由邦和德兰士瓦的控制权。为什么？因为金子！

卡普谢胡普也不例外。它不仅从1868 年伊始就在南非金子冲突中扮演了一个关键性的角色，同时它还是人们在2003 年再次发现了亚当历法的地方。要知道，亚当历法提供了一条关于我们人类起源的直接线索。这个故事要回溯到1881 年，一个叫做伯纳德·查姆斯（Bernard Chomse）的掘金者，他是第一个在卡普谢胡普附近的一个河床中找到金子的人。这个发现黄金的河床在不久后便被命名为"魔鬼办公室（Devil's Office）"。这个名字取自于那个奇怪排列的石头露出地面的岩层，据说那块石头看起来就像是一个等待魔鬼降临的怪物。到19 世纪末，卡普谢胡普成为了一个真正的边境矿区，这里住着15 000名每天不停劳碌的人，有着无数的酒吧和沙龙。1912 年在南非发现的最大金属块就是来自这个地方，它的重量超过了5 公斤。

现今的人们对黄金的喜好和追求也许只是数千年前的人们在这里习作的延续。回到几千年前，这些古老文明包括了：莫诺莫塔帕（Monomotapa）地区的黄金帝国；莫桑比克

■ 克鲁格金币，一个描绘着保罗·克鲁格头像的南非金币

（Mozambique）海岸的索法拉（Sofala）消失的港口；马科马提（MaKomati）的那些来自南印度的金子商人和掘金者们；公元8世纪的阿拉伯（Arabic）商人们；伴随人类历史数千年的奴隶交易；西巴（Sheba）的女王；所罗门帝王的金矿（King Solomon's Mines）。这些诸多的神秘事件逐步填充我们的想象。

我重点研究古人类历史，它包括了一系列以人类起源为中心的新事件。这些事件指引我得出了一个结论——远早于19世纪中期的现代探勘者发现金矿之前，英国王室就知道了与金子相关的一切信息。我大胆地猜测这些事情的发展都在英国王室的掌控之中，他们只是在等待一个最佳时机来控制局势：不能让金子落到不效忠于大英帝国的无赖农民和殖民者手中，这个信念在英国王室中世代相传上千年。

为了战胜布尔军，英国人不得不采取极端政策。他们选取了"焦土"政策：烧光农场；杀掉或没收家畜；将捕获的南非黑人和上千名来自农场的妇女儿童分散关押于南非各地

■ 克鲁格的"茶屋"的遗迹，它位于一个农场中。现今，它已成为了一个博物馆。曾经的这里，在这个喝茶的秘密处，布尔人可能正沉迷于酒精之中，也可能正在讨论战略和计划他们的下一步行动。

■ 地图显示了莫诺莫塔帕（Monomotapa）地区的黄金帝国和索法拉消失的港口。

的集中营里。初步估算，至少 34 000 人死于这些集中营，而事实上，这些数字可能更高。这是根据之后阿道夫·希特勒（Adolf Hitler）的集中营模型来估测的。

今天的大多数人都知道希特勒的集中营所犯下的罪恶，鲜有人知道英帝国军队曾在南非也拥有残暴的集中营并犯下不低于希特勒的重罪。英帝国的统治者坚称这一切的行为只是为了争夺并巩固黄金的控制权。当我们去探寻人类的起源之谜时，这些事情总会起着串联作用，因为金子与人类历史发展并存。即便你使出全身解数，也无法将人类对黄金的迷恋和人类的起源分开讨论。英国军队前往南非的所作所为就是论证这个观点的最充足的证据。

在南非战争中有一个十分特殊的战役，它几乎改变了我们现今世界的整个历史——皮恩（Spionkop）之战。这个地方在雷迪斯密斯（Ladysmith）镇的附近。皮恩之战被作为南非战争中最血腥的战役之一而闻名，它常常被引用来说明最残酷的战争和死人最多的战争。令人惊奇的是，当今世界有三位著名领袖都曾卷入了这场战争。他们分别是代表着西方国家的温斯顿·丘吉尔（Winston Churchill），代表亚洲国家的马哈特马·甘地（Mahatma Gandi）和代表非洲国家的路易斯·博塔将军（General Louis Botha）。在南非战争结束 8 年之后，这三位领袖都在全世界的政治和经济领域中发挥了巨大影响。如果这些领袖中的任意一人不幸在这次战争中遇难，那么我们的世界也许会走上和今天完全不同的轨迹。人

■ 英国军队在南非战争（1899—1902）时期在南非建造的众多集中营之一。

们对丘吉尔和甘地或许是耳熟能详，但对博塔将军也许会稍显生疏。而事实上，博塔将军所作出的成就是非凡的，甚至高于当今南非历史学家对他的盛赞。

早在1902年5月16日，在一次小心严谨的演讲中，博塔说服了奥兰治自由邦和德兰士瓦的领导人作出了一个关于和平的重大声明——他们是一个国家。"我们不要'将一段时期普遍化的葬礼定性为最终结局'。如果我们真的那样做了，那我们将要因为民族自杀而备受谴责。"他说道。

1910年，博塔当选了南非联邦（the Union of South Africa）的第一任总理。虽然我在这个问题上的观点不被大多数人所认同，但我还是认为博塔在1910年所做的一切和纳尔逊·曼德拉（Nelson Mandela）在1990年出狱后所做行为非常相似。他们都选择了和平，不再继续与压迫者斗争。曼德拉出狱之时，想必已经知道他会成为南非的下一任总统，所以他必须为接下来要做的政治工作作好准备。博塔本可以转为地下行动并继续以游击战形式与英国对抗。这也许会对南非的版图产生影响，同时也会对英国的金矿计划产生障碍。而事实上，他为南非选择了一条和平之路，并为英国国王乔治五世（King George V of Britain）看管他的"殖民者"。难道博塔与英帝国之间达成了某种不可告人的地下交易？人们不得而知。

1961年，南非联邦解体了。1961年5月31日，这个国家成为了一个统一政体，名为南非共和国（the Republic of South Africa）。但它仍处于被持续控制状态中——不同的时期、不同的名字、不同的领导人，从一种管制形式到另一种管制形式的转变。

南非非洲人国民大会（the African National Congress，ANC）的早期领导者写的一封信令我感到不解并困惑。这是一封南非非洲人国民大会某领导于1918年12月16日写给英国国王乔治五世的信。信中叙述并承诺了他们将会效忠于大英帝国。以下是这封冗长的信件第一部分的截取内容。

■ 路易斯·博塔将军

■ 马哈特马·甘地

■ 温斯顿·丘吉尔

向乔治五世请愿，
来自南非非洲人国民大会
1918年12月16日

致最高贵的国王乔治五世殿下

愿陛下——

1. 1918年的12月16日，我们（即首领们和代表们）集聚于约翰内斯堡的南非非洲人国民大会（即一个代表南非班图人的不同部落的政体召开的特别会议）。大会记录了我们对大英帝国在这次伟大的战役取得的胜利表示欣慰和感恩之意，当然也包括她崇高的盟友们以及美利坚合众国。

2. 我们谨向陛下转达我们无比的忠心，我们是忠诚于陛下和您的王位的，我们真心希望神的祝福和繁荣昌盛能够伴随着您，陛下的领土即将迎来一个更好的时代。

3. 我们期于在陛下您的统治下的所有民族和国家将会得到公平和公正的对待，不会有颜色或信仰歧视。在您的领导下，我们同享有公民的权利、自由和民主。

这样的效忠声明完全不顾解放运动的原则，这项运动本应该代表着被各种形式压迫和管制的人们的完全解放。非洲地区存留着人类的发源地，而且我们也一直在重新探索能够支持这个论点的重要线索。这些线索主要来自于遗迹的形状、工具、史前古器物，当然还有基因研究。当我们沿着这些证据尽我们所能回溯过去，我们发现曾经有这么一个时代支配了全人类的伊始：这在人类历史中是一个特殊时期，然而它仍旧是一个未解之谜。在这个时代，王室政权世系突然出现在了地球上，并控制了王室政权以外的人类。

南非的古老时期主要由当时权威的世系君主们统治，且他们总体呈现均势，这样的时期一直延续了几百年甚至几千年。他们主要从事金、铜、铁等金属的采集工作。但不知何故，在15世纪末期，他们被那些初来乍到的欧洲皇室近亲取代了统治地位。当我们发现人类在如此久远的时代就开始了对黄金的痴迷追求并通过争夺政治主动权来掠夺更多的黄金时，不禁令人震惊。

所有的这一切政治活动都是有计划、有组织的精心安排与设计。被谁？就是担任隐秘知识监管者数千年的人。现今他们被称为秘社，他们中的许多人都处于不同的组织而且有着不同的身份来伪装自己。共济会成员（Free-mason）可能是最臭名昭著的成员之一，他们的起源可以追溯到数千年前。有些研究者认为，独立于人类之外的组织秘社通过监管者对人类进行控制的行为甚至更加久远。比如：威廉·布兰立（William Bramley）就认为这种联系可以一直追溯到伊甸园（Eden）和蛇之兄弟会（Brotherhood of the Snake）时代。

然而余下的人们很长一段时间内对这一切都一无所知，甚至到了今天，仍然有着同样势力的组织在暗中操纵着这一切。我们真正的人类历史比我们当下所知的或许更加精彩，无论是好莱坞（Hollywood）电影或是印第安琼斯探险（Indiana Jones adventure）都远不及其神秘。当然……金子这条线索会一直贯穿其中。

当我刚定居于这个满载了世界某部分历史的地方时，我对那些南非的石质遗迹一筹莫展。但事实上，这些石质遗迹说不定深埋着我们祖宗过去的秘密和今天的我们到底和谁有关系的线索。

我开始尝试对这片地区的整个山脉进行探索，去寻找更多的石质遗迹并穷尽脑汁去思考这些石质遗迹的奥秘。我的旅程已经延伸到了博茨瓦纳（Botswana）遥远的北部，以及措迪洛丘陵（Tsodilo Hills）上有着古老蛇崇拜文化的地点。这座丘陵以神之山（Mountain of the Gods）闻名，如果你关注过非洲萨满的智慧则不会对此感到惊讶。这个地点也被大家公认为"人类种族的创造之穴"。

我调查了津巴布韦的遗迹——其中也包括了在大津巴布韦（Great Zimbabwe）的那些更加令人费解的遗迹——还有其他许多不可思议的神秘之地。我之所以把大津巴布韦的那些遗迹称为令人费解的，是因为它们本身无法进行定义：无论是谁，试图从主流的学术文献中找到或构想出关于这些遗迹的意义都是徒劳的。你所能发现的，只有这些遗迹上共同具有的那些令人一知半解的文字和符号。无论是克拉尔（Kraal）的遗迹（牛栏），或者是班图族（Bantu）过去200~400年间的遗迹。也许对它们的研究非常困难，但的确从未有人认真地尝试将这些信息与古代文明和我们遇到的所有高级文明联系起来。这同样也是我从这些石质遗迹和亚当历法中感受到极深的一点。如果我们每天都努力去尝试找到新的发现，就可以得到更多的线索和证据来完善我们提出的论点——一个经得住实证考研的来自远古的销声匿迹了的文明。这个文明有着先进的知识和技术，与自然法则有着极深的渊源，与我们人类的起源有着密不可分的联系。

我发现在"神秘的津巴布韦鸟"和"所有南非的古代掘金活动"之间存在着某种联系。这种发现远超出了我们的想象——它揭示了一个巨大的我们实际上一无所知的销声匿迹的文明。

我和科瑞多·穆特瓦（Credo Mutwa）的相遇其实在预料之外，他使我确信了我曾经思考的一切。他支持我所有的研究和结论，无论这些研究和结论在当下是多么的不被主流专家们接受。在本书中，我们将会共同探讨这些奇怪的石质构造，还有它们内在的联系，以及它们对于今天人类的意义。它们不仅仅是石头，它们还是寺庙。正如我在后面章节中将会提到的，当你看着这些有着神圣几何学的建筑时，就会感受到它们蕴含着的灵性信息。此外，这些建筑物都是用石头建造的，也就是我们今天寺庙最常用的建筑材料，其中是否存在某种关联。最后我要说的是，亚当历法蕴含了更多的意义：这是人类的诞生之地，也是非洲萨满认为的地球上最为神圣的两个地点之一。这也是在我和科瑞多·穆特瓦的见面后确认的信息。

■ 措迪洛丘陵，神之山，在博茨瓦纳的北部。

■ 措迪洛丘陵也被认为是"人类种族的创造之穴"。

2 隐藏的历史

为了探求人类起源的真相，学者们和探索者们通常会尝试一些不同寻常的路径进行研究。在过去的两个世纪中，科学技术领域有了天翻地覆的变化，这促使了当下的研究者们提出了一些引人注目的结论。这么说或许还不准确，我们在最新收集的全部证据整理的基础上得出了新的结论——长时间以来研究者提出的有关人类起源的解释仅是一种现存的理论或一种现存的假设。站在这个研究领域之外的人则普遍接受和认可了这个理论，且相信这是这个学科的绝对理论。同时，这些错误的论调通过大众媒体在全世界广泛传播，直到我们知道真相之前，所有人都对这些论调深信不疑。

历史让我们认识到，人类尤其是人类的领导人不喜欢改变旧有方式和接受新的信息。

■ 一个被刻在冰川厚板块上的埃及安可（埃及最古老的神明之符），位于在南非的德里科普斯埃兰德（Driekopseiland）。这个石刻涵盖的信息量极为广泛：安可在辐射环里，说明了光明王（Lord of Light）有着永生的钥匙。同时也说明了秘密隐藏在光线的排列中，或是与某些振动波包括声音和光有关。这个信息与南非的环形遗迹相一致，南非在很久之前就开始运用声音或光来产生能量。关于在声音和光产生能量的这个认识，是在20世纪末期，由柯丽（Keely）、特斯拉（Tesla）、劳夫（Rife），还有其他的一些人重新发现的。

■ 安可是古埃及最有标示性的符号之一。它代表了通往永生和智慧的钥匙。

我们总是习惯看着过去几个世纪里的那些发现进行再发现，这反映了我们对于根深蒂固的信仰体系有多顽固不化和骄傲自大。很多伟大的发现者都曾遭到激烈的抵抗，尤其是宗教领袖和学者，他们本应该是推进观念进程的人。不计其数的书籍都曾描写过新发现而后被掩盖，因为他们没有配上漂亮的图注，而这些都被那个时代的权威者所持有。如果你认为这就是过去所发生的一切，而继续将今天的大众媒体传布的研究者对人类起源的认知当做真理，那就太天真了。

回看伽利略，在他生活的时代，他被勒令收回自己提出的有关太阳系的科学发现，并被软禁在家接受折磨直到他道歉和收回自己的观点为止。事实上，在 100 年后，他的学说才得到世人的承认。我们再回到 1903 年，怀特（Wright）兄弟制造出了第一架飞机，它原本可以更早被发现并更早地应用于人们的生活。但它并不被当时的人所接受，当时这个领域的专家们都坚称人类不可能驾驶一个超过空气重量的飞行器实现航行。再看尼古拉·特斯拉（Nikola Tesla）奇妙般地发现了自由能源。罗耶·雷门·劳夫（Royal Raymond Rife）找到了"治愈疾病的疗法"发明了高倍显微镜，并在 1931 年的一个实验室中证明了癌症是可以得到治愈的。大约是 1888 年，约翰·柯丽（John Keely）示范了他的反重力装置：一个能给任何密度的石头钻孔的震动仪，它可以把一块巨大的花岗岩石碑在几秒内粉碎。这些发现都被掩盖得如此完美甚至是被完全移除出辽阔的知识界持续至今。

特斯拉、劳夫、柯丽，还有其他那些被掩盖的鲜为人知的伟大思想，它们本可以极大地改变历史，然而它们却悄无声息地被掩盖。在探索的过程中，我们时常会面临一些超出我们认知之外的证据和信息——这些信息与我们熟知的一切相违背。真正的科学和发现没有极限，且持续变化着。在科学中唯一的常量即"变量"。我们本能地排斥那些我们从未听闻过的信息。

我们很多人都知道阿尔伯特·爱因斯坦（Albert Einstein）是个天才，他提出了很多关于空间和速度的理论。正如许多真正的科学家一样，爱因斯坦推动了可能性的边界。我们鲜有人知道他喜欢的一门学科是"鬼魅般的超距作用"。超距作用，即两个彼此相距甚远且互无连接的物体通过某些无形的力量保持联系。当其中一个物体受到刺激并做出反应的时候，另一个物体也会马上做出同样的反应，穿越一个遥远的距离，甚至超越光速。他的这部分研究以及 1943 年 6 月的费城实验（Philadelphia experiment），曾被万般嘲笑并在很大程度上被掩盖了。

另一个诺贝尔奖的获得者，量子物理之父马克斯·普朗克（Max Planck）对宇宙有着非常深远的见解，但他的"其他"很多工作也被轻描淡写并受到他人的嘲笑。普朗克非常着迷于"矩阵"概念，"矩阵"是一种硬派物理世界的表达，而非好莱坞电影中的那些描述。普朗克相信宇宙是通过某种无形的物质互相联系的——这是一种网格能量，我们所有人都通过一种无形的矩阵网络互相联系起来。因此，我们享有这个物质中持有的共同记忆和知识——而不是在我们的大脑里。

1933 年，保罗·狄拉克（Paul Dirac）获得了诺贝尔物理学奖。他表明，所有宇宙中的物质都起源于伽马射线或能量的来源。这些物质出现于从同一颗粒的亚原子奇点状态并最终构成了整个宇宙。其他研究者们也发现了伽马射线的不同形式，其中一些射线可以瞬间穿越宇宙，这也解释了爱因斯坦的"鬼魅般的超距作用"。美国科学家格雷格·布雷登（Gregg Braden）在这个领域也做了相当多的工作，并将自己的研究整理为图书出版。我之所以会着迷于它们，是因为它符合了光速并非极限速度的理论，且组成光的物质才是超越光速的实际机理由来已久。

特斯拉做了大量的实验证明地球是"活着的"，地球的表面到处充斥着不同频率的能量流。他认为这种能量可以用来驱动任何仪器，而且应用到任何可以想象到的程序中。这种能量不需要线路来疏导，它是一种以前所未知的方式在粒子和空气分子间传播的。地球就类似于这种能量的电容器——这是一个能无所不在地提供大量能量的无穷无尽的储存设备。我们可以看看特斯拉塔（Tesla Tower）的图片，这是特斯拉用来探测"不用线路就可以驱动人们家中的设备和汽车的自由能的构想"。显然，这种轻易就能获取自由能的方式将会受到电力控制巨头们的抵制。当特斯拉的赞助商J.P.摩根（J. P. Morgan）意识到这种能量不能被测量或是轻易地被控制时，他停止了对特斯拉塔未来项目的资金供应，而且毁掉了特斯拉塔。此外，美国联邦调查局（FBI）还没收特斯拉研究的全部文件。摩根最后在南美持有了巨大水力发电站。直到今天，也没有人可以模仿出特斯拉的自由能，特斯拉的方法对全世界的科学家来说仍旧是一个巨大的谜团。特斯拉称，把一辆敞篷车的动力能源移除后用一个黑盒子代替，并在汽车的后座上安置一个天线。当这一切准备就绪后，你可以在无汽油的状态下驾驶这辆汽车环绕纽约长岛（Long Island）大约6个星期。这辆汽车仅是依靠磁暴塔发射出的能源进行驱动。

因此，当我们探索南非的石质遗迹时，碰到了神秘的无法解释的"东西"并深思它的

■ 约翰·柯丽——如同特斯拉和劳夫那样，他发现了声音是一个原始创造能源。当人们真正理解它时，它将会被用来制造许多我们无法预想的装置。

■ 罗耶·雷门·劳夫

■ 尼古拉·特斯拉

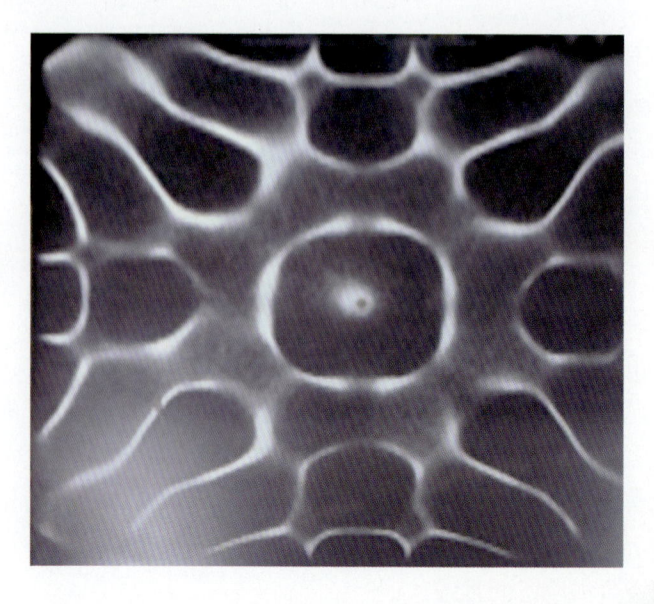

■ 地球发射的能量场覆盖地表的计算机模拟图。这就是特斯拉最有可能攻克的自由能转换问题。

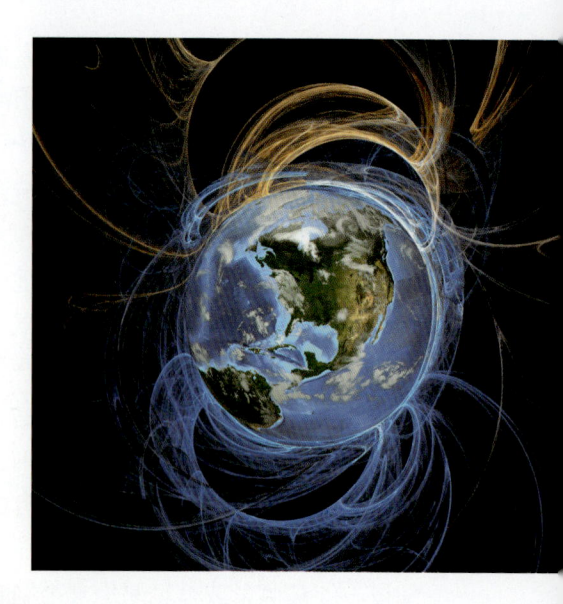

■ 哈佛大学（Harvard University）的实验展示了声波是如何在沙堆上显示花纹的。低频率的声波似乎能够制造更多基础环形花纹，而高频率的声波制造出的花纹则更为复杂。干扰频率则会制造出更奇怪更复杂的花纹。这个规律非常简单——每一种频率的能对应一种独一无二的花纹。

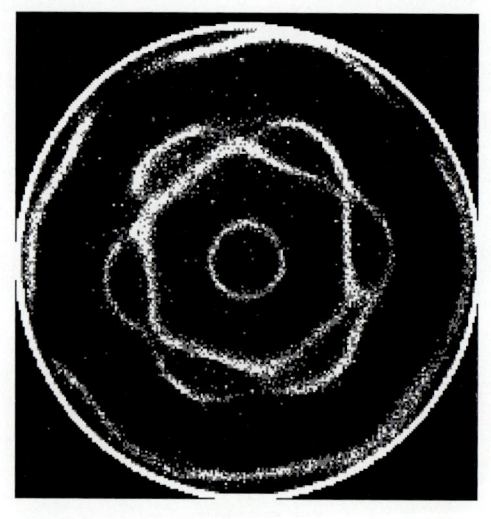

■ 这是用元音"a"发出的振动波所制造出的花纹。注意看中间的环形和最外围的环形并非完全的圆形，在它们的边界上有着波浪形的弧度。

起源时，我们都要铭记——我们正在揭示消失的文明，它有着我们无法想象的知识。我们正在叩击人类起源的大门，并采用非传统的方法去发现和探索。在这个发现过程中，我们可能会遇到很多现有知识体系结构中无法解释的问题，最多只能找到一小部分带假设性质的解释。我研究人类起源20多年，但迄今为止，我只得出了一个结论：物质并不和它们看起来那样一致。一旦你深入那些未知的过去，你会很快发现隐藏着的不同于现代历史演进的人类。我们有一个从视野上隐藏了数千年的过去。我们越是深入，就会产生越多的疑问，我们越来越疑惑"那些我们曾被告知的并非绝对真理的东西"真的不存在吗？

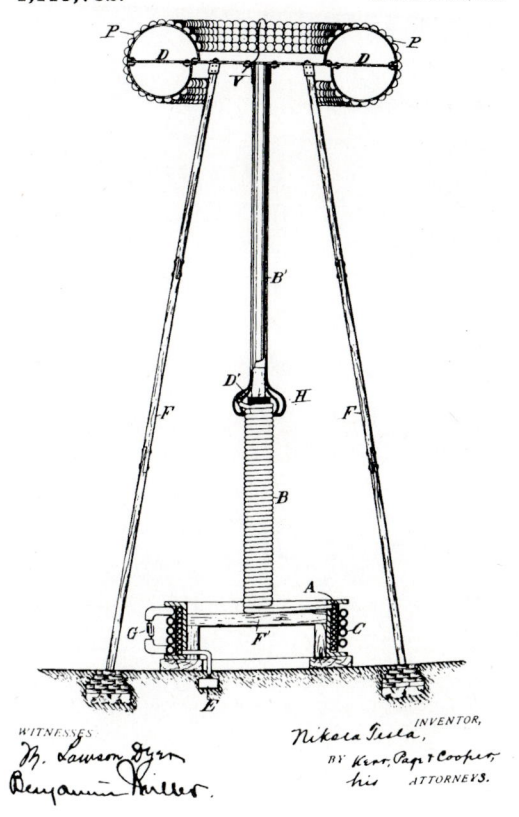

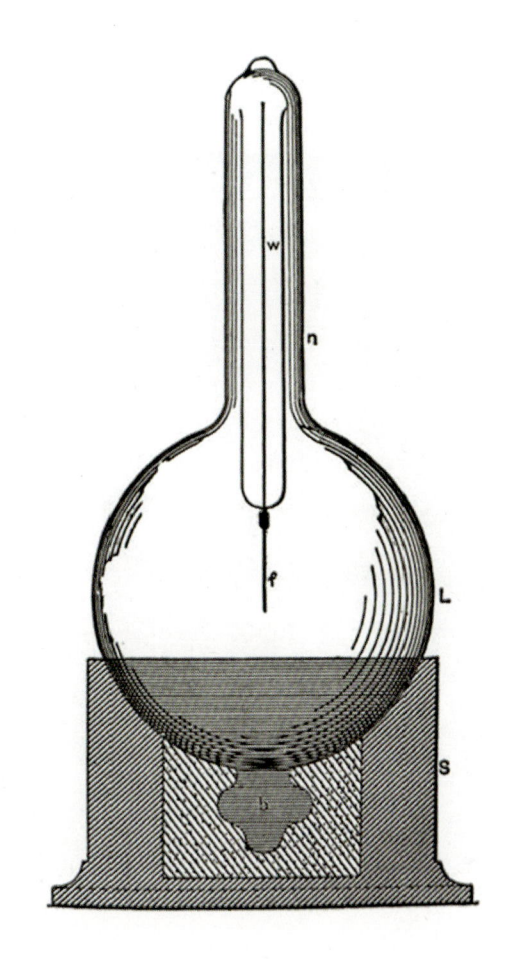

■ 特斯拉那些数以百计的专利之一，一个无需电线即可传输电能的装置。请注意，特斯拉把它叫做辐射，一种非极性的能量而不是电力。这为那些想要模仿他工作的人提供了一个重要的帮助。

■ 特斯拉悬浮灯泡。他的悬浮灯泡只是地球能源分接头设备中的一个。悬浮灯泡没有电线，只是从握着它的人的手里接收到能源。一些灯泡甚至不需要人类的接触，只要人类靠近它就能触发其自动点燃。

■ 纽约长岛的特斯拉塔。

3 人类的起源和神话

在人类起源之谜尚未揭开之前，与其在"进化论"和"神创论"者之间无休止地争斗，不如去看看那些引人入胜的古代文明给我们留下的线索，它为我们指引了一条非常具体的方向。我们研究这些过去的古代文明不能与宗教剥离开来。不少来自世界各地留下来的古代宗教记录，为我们在众多问题上解惑提供了明确清晰的线索。如：世界各地的文化都流传着"我们的世界曾有一群具有高级力量的无处不在的神明，他们统治了这个世界数千年"的传说。苏美尔泥板将这些神明称为阿努纳奇。这些神明（阿努纳奇）出现在不同的古代文明里，遍布各大洲且地域相隔千里。在我的研究和著书中，我对上帝和神明作了区分。上帝是带着"G"的"God"，神明是带着"g"的"god"。这就很明显地将万物之源（上帝）和高级生物（神明阿努纳奇）进行了区别。阿努纳奇通过先进的技术创造出人类的先祖，而他们并非我们认知的宇宙之源（上帝）。想要了解这段奇妙的历史，可参见我的《物种之神》一书。

熟知《圣经》的人定然不会对这些神明感到陌生。在最原始的《圣经》中，用来表示上帝（God）的词是耶洛因（Elohim），这是表示"诸神明"的复数形式。在许多文献中，上帝都会用复数形式进行自我代表，比如："让我们用我们的样子来创造人类吧"【《创世纪》（Genesis）第1章第26卷】、"让我们到下边去混淆他们的语言"（《创世纪》第11章第7卷）。

当我们发现苏美尔泥板上的很多故事与《创世纪》和《出埃及记》（Exodus）中的记述较为吻合，这开始引起我们的思考。苏美尔泥板上提到的神明就是《圣经》里提到的复数形式的上帝，那些伟大的圣经故事都能在苏美尔泥板中找到原型。

然而，这些故事在《圣经》中都会减少到只剩一条主线，原始的苏美尔文则描绘了更多的细节：创造天堂和地球的七块泥板、阿达姆（Adamu）的创造（也即圣经化的亚当）、用阿达姆的肋骨创造的夏娃（Eve）、伊甸园、大洪水（the Flood）、诺亚（Noah）【也就是朱苏德拉（Ziusudra）】和方舟、索多玛（Sodom）和蛾摩拉城（Gomorrah）的毁灭、通天塔和它的毁灭……这些故事都被苏美尔人完好地记录下来，其中一些泥板上记述的事件甚至比《圣经》还早3 000年。

需要注意的是，在苏美尔、埃及、希腊和其他所有文化中，大家都认可神是非虚构的，它们是真实存在的。苏美尔文字记述了阿努纳奇人和人类的互动，包括：他们向人类传授知识、对人类实施的惩罚。我们在苏美尔文字记述中发现了"三位一体"（可参见《物种

■ 双蛇杖——作为医疗界的符号闻名。它的来源可以追溯到数千年前的苏美尔神明恩基（Enki）的符号。恩基作为翼蛇而闻名，他是人类种族的创造者，也是医疗之神。几乎每一个古代文明都把翼蛇尊崇为他们的创造之神，蛇的崇拜通常与人类的创造相关联。

■ 宙斯（Zeus）与他的兄弟哈迪斯（Hades）争夺地球的统治权。哈迪斯被描绘成翼蛇的模样，他后来被流放到冥界。这与苏美尔文字记述中的恩利尔和恩基兄弟俩的故事极为相似。恩利尔取得了上层世界的控制权，然而恩基（那条翼蛇）则统治着下层世界。下层世界，即地球赤道以下的大陆——也就是金子的来源之地。苏美尔人把这个地方称为阿普斯。

之神》）概念。那就是父亲阿努（Anu）和他的两个儿子：恩利尔（Enlil）和恩基（Enki），他们共同统治地球。我们知道恩利尔是照看地球北半球的神明，而恩基被认为是负责照看地球南半球的神明（也称造物之神）。他们得到了一个大家庭的支持。这个大家庭有12个主神，他们各司其职。苏美尔泥板中把阿努纳奇的儿子们称为拿非利人（Nephilim）。同样地，圣经中亚娜金人（Anakim）（意为巨人）的后代就是拿非利人——这就是他们被称为"神的儿子"的原因。

> 拿非利人在地球上的那些时日，当神的儿子们和人类的女儿发生了关系并有了后代，这些后代就是旧时代的英雄，也是名望之人。
>
> ——《创世纪》第6章第4卷

这些神殿中的诸神在他们的领导者恩基的带领下在那时候的南非异常活跃。证据随处可见，尤其是在苏美尔泥板的许多文献中可以找到相关记录。

我们这个时代最容易让人产生误解的词语是"神话"。这个看似无害的词语引起了很大的混乱，这使得我们误解了所有的人类历史。"神话"这个词最早在古希腊出现，且它的意义与"虚构的"无关。实际上，恰好相反，"神话"（mythos）的本义是"文字"：书写的文字、语言的文字、传说和记载真实的国王和祭司的历史记录。

你能看出问题所在吗？是什么让古代人的日常生活变为了现代历史学家的口中的虚构故事。据我的研究，"神话"是在公元1270年左右和"神话的/虚构的"（mythological）开始混用，并在之后的历史书中造成了巨大的破坏。

我们所看到的古代文明都并非一段真实的历史、真实的历程、真正的宗教吗？难道这些都是他们不能对周遭世界进行理解而虚构出来的？当下主流历史学家正希望我们如此认为。一旦我们意识到这些"神话"也许就是真实的历史时，整个画面就戏剧性地改变了。

当我们看见南非的那些岩石上刻着的符号和雕像，以及出土的苏美尔泥板上的记述文字，我们会突然意识到在遥远的过去，曾有一批强有力的种族（神明），他们控制着地球上的所有事件，尤其是南非地区。我们应该注意的是，这些古代的所谓的神不应与现代的词语上帝相混淆。

■ 众多石墙之一，它将近3米高。一个直径150米的大遗迹的其中一部分。一个类似人头的石刻屹立在图片右侧，看起来似乎正进行着某种仪式。在遗迹的附近，我们发现了很多奇怪和无法解释的石刻，伴随着数以百计的不可思议的石头工具，这些工具都是我们闻所未闻的。

4 我们信仰的基石

地球上有成千上万的宗教和信仰体系，其中不乏古代宗教和信仰体系衍化出来的分支。基督教就有 20 000 多个分支。我总结了地球上有记录的从远古人类到现代社会的宗教的共性，他们毫无例外地具有三个共同点：黄金、奴隶、翼蛇（或者是具有翅膀／翼的蛇）。这真是非常有意思，在人类历史的研究上，这些共同点不能忽略。

黄金

无论我们追溯到多远古的时代，在人类活动中黄金都扮演了重要角色。实际上，不仅是人类痴迷于黄金，他们的神也一样痴迷于黄金。在《创世纪》书中，上帝甚至也表达了他对这种金属的迷恋。对于那些热衷于此问题探讨的人，我只能先收起这个话题，人类对黄金痴迷的真正原因在我的著书《物种之神》中进行了详细的描述。

奴隶

我们所能追溯到的最远古的时代，奴隶制就伴随其中。根据《圣经》的记载，甚至上帝选中的人们也是别人的奴隶。有趣的是，那些古代的神明——包括《圣经》和其他宗教经典中提及的上帝——不仅纵容了奴隶制的实践，也给了奴隶主如何对待他们的奴隶（包括：如何惩罚他们的奴隶以及哪种情况下他们可以处死自己的奴隶）的明确的指示。早期的人类是如何发明奴隶制的？又是什么原因促使他们发明奴隶制？这个制度的产生其实是被某个有着更进阶知识的物种教授给人类的。

翼蛇

几乎在所有的古代文明中，具有翅膀或羽毛的蛇都被当成了造物主。这个从天而降的神秘生物创造了人类，并授予了人类生存的所有知识。如果他们不守规矩就会受到惩罚。从苏美尔人到中国人、美国人、中美洲人、南美人、南非人以及埃及人，他们似乎自古以来就有着对蛇的尊崇习惯。

这些地方的大多数部落仍然在他们的传统服饰和仪式舞蹈中使用羽毛，但他们却丝毫没有意识到这实际上是对千年前的翼蛇和造物主尊崇的沿袭。非洲文明也不例外，古老的祖鲁（Zulu）文化告诉我们，曾有巨大的天空之神或者说是"天堂居民"，生活在地球上。他们带着巨大的翅膀从天而降，同样他们也能在一道闪光之中回到天堂。他们创造了祖鲁人，并授予了他们生存的知识以及黄金的开发工作。

这三个主题始终缠绕在一起。现代医疗所用的符号和早期苏美尔文明用来代表他们的创造之神（即翼蛇恩基）的符号竟然如此相似，这不得不让人惊奇。恩基被看做医疗之主，他还被看做第一个金矿的看守者。在贪婪的金矿探险家们从欧洲抵达南非时，这里的掘金文明早已经发展得非常良好并且繁荣了数千年以上，那就是奴隶制的黑暗实践。至少在5个世纪以前，奴隶贸易就在非洲盛行，他们将奴隶买卖作为一种财富来衡量。据历史专家的说法，莫桑比克港口向世界各地输出了大量的非洲奴隶，非洲看起来似乎一直是奴隶的不竭源泉。

■ 这是存留下来分散于南非各处的成千上万的石墙之一。直到最近，它们才被赋予了一个新名字——克拉尔（Kraal）。这些石墙虽然渺小但却富有较深的历史意义和探索价值。当局则普遍忽略了这些现实，造成了这些古代遗迹遭到了令人难以想象的数量上的破坏。林业、农业、交通业的发展促使它们遭到了破坏且非常严重，相当数量的具有研究价值的历史信息被摧毁。

5 古城墙

5 古城墙

■ 我们把这块石质遗迹称为天窗（Window）。它位于一座山的高处，图片为一大块石质遗迹的某个部分。因为它面朝东方，所以天窗向外展望的视线就像是指向二至点的直线。它也可能是与某个即将到来的星星相对齐——这还需要更多的研究。

5 古城墙 · 31

　　南非那充满魅力的古石遗迹可以追溯到很多个世纪之前。很多探险家——其中一些不过是贪婪的宝藏猎人——以他们敢于向非洲的野蛮人挑战并攻克黑大陆（Dark Continent）的非凡勇气而出名。在一些社会圈子中，这些南非的石质遗迹对探险家的迷惑性等同于埃及的金字塔。由于埃及总是作为一个消失文明来提及，所以我们经常忘记埃及实际上也在非洲。很明显，事实上，我们看到的这两个文明位于同一块大陆的两个顶点。

　　毫无疑问，这个在南非消失的文明比它北部的埃及文明更加神秘。包括：相较于埃及文明它具更多的未破译的神话、无数的不明含义的石质遗迹、久远的伟大国王和智者、现今的萨满和巫师们都还保留着古老的传统和远古的知识。最重要的是屹立其上的神殿遗址。

■ 不同石质遗迹中的部分城墙——一些长满了厚厚的青苔，一些长满了苔藓，或者两种皆有。从它们不同的建筑风格上分析，这处遗址应该为早期的建筑，并在后期被殖民者改造。古老的建筑物总是遵循一个相同的基本原则——没有入口。

5 井陘關

我们可以确定的是，南非没有逃过古代众神们的视线。同时，南非的神在阿普斯的活动与地球上其他地方的活动完全不同。遗憾的是我们现在也不清楚，当来自北部的殖民者首次发现这些石质遗迹时，它们是如何的雄伟壮观（我们现在可见的则是遭到破坏后的残留建筑）。

这些遗迹已经或多或少地遭到了破坏和掠夺，无法重现往日光彩。但可以肯定的是，所有有价值的部分已经被最初发现它们的人所掳掠，这些掳掠者并未考虑过它们会对未来的人类探索带来的影响和意义。巨石们被他们移走或是推到一边，这些巨石原有的排列方

■ 站在遗迹的草丛中，我们并不知道我们所站的地方在很久以前可能是一个建筑非常复杂的部分。它们之间以小路和其他特殊的结构相连接。需要注意的是，所有的这些遗迹毫无例外都是石头建造的，而非自然出现，不同建筑之间呈规范排列。地质学家得出结论：这些石质遗迹大多数呈圆滑形状，这意味着它们多数来自河床，由工人搬运至此进行建筑。

5 古城墙

■ 一堵 3 米高的石墙。从地面上完全看不到通往这个建筑的道路。这些石头均来自距离此处 2 公里外的山下的河床。

■ 这是一些大型石头墙上的一小部分的特写。这个巨大的石头大约 200—300 公斤重。这样重量的石头是不可能依靠人力从附近河流处背到山上进行堆砌建筑的。他们是如何做到的？又是为何要费尽周折地做到这一点呢？

5 古城墙 35

■ 作者指示了围墙的高度。这是保存完好的遗迹之一,约翰·海利恩发现并测量了它,结果证明了它和许多天体具有几何上的对位关系。

■ 这是一个后来的殖民者为了适应生活而改造的典型例子——有着方形结构的门,这表明了在此处改建的人类与我们现今的人类生活习性已较为接近。回忆现代我们所知的方形结构的门,意味着它可能是被公元15世纪以来的西方或是欧洲的移民者所居住。

5 古城墙

■ 一个相当壮观的墙体的照片。这处遗迹就在瓦特法尔－波文的附近，它用了近 500 000 块石头来建造，这些石头全都来自于山谷里的小河。根据苏美尔文字的记述，图上的建筑是由 1~2 个小型的家族（1 个家族不多于 40 人）建造而成。我们按照现代人的方法估算后得出结论：如此少的人力穷极一生的劳作也不可能完成这样的建筑任务。

■ 这是许许多多嵌入石墙的无法解释的石头之一。它们很可能是某种仪式的一部分或是某种迄今也无法解释的排列方式。

■ 作者蹲在一块被土壤覆盖着的巨石旁。整个建筑群已被树木和灌木丛覆盖，徒步旅行者很难从这边树木和灌木丛中识别出被覆盖着的曾经的古老建筑。直升飞机上的航拍也很难捕捉到这些被隐藏着的古老建筑遗址。只有行走在这边土地上，爬进杂草丛林中仔细地勘察，才能发现这些遗址留下的蛛丝马迹和他们长长的延伸区域，构想并找到那些我们无法再看到的景观。

■ 这是众多的神秘的圆形通道之一。这类圆形通道一般都被石圈所围绕。它既无入口也无出口——它在所有的方向上都终点于石墙。

■ 在南非的勒斯滕堡（Rustenburg）附近的一个辽阔的遗迹之城。这是我定义的三大遗失城市之一，它覆盖了大约 10 000 平方公里的面积，比现代约翰内斯堡（Johannesburg）或是洛杉矶（Los Angeles）的占地面积都大。它的巨大占地面积令人震撼——就像南非的其他建筑那样——大量的石头都被用到了这个古老城市的建造中，这些石头仅有少数部分来自这个地址上的自然岩床，但大部分还是从附近河床搬运至此。

■ 几个相互交错结构的其他外围城墙的遗址。

5 古城墙

■ 这是一块在众多城墙中的巨石的典型，它的宽度超过 1.5 米，这是勒斯滕堡遗失之城的一个局部区域。这个石墙中的部分巨石的重量超过了 500 公斤，且它们都来自 3 公里外的河床。

5 古城墙　43

■ 这是一些遗址遭到大规模破坏的一个典型例证。从相片中近距离观看这些大石头。大自然的力量造成如此高强度的破坏需要消耗较长时间的，如洪水一样的自然灾害可能会造成更为严重的毁坏后果。目前尚无证据表明这些建筑是被其他某个部落破坏的。

44 ▪ 5 古城墙

■ 上图是一张来自 1939 年拍摄的照片，展示了完全用石板搭建出的一个小棚屋一样的建筑结构。下图展示了一个现今已倒塌的屋顶结构。目前还没有合理的理由与其进行解释——这些建筑在结构上与现代相近，但与我们找到的古代文明符号不符合。

5 古城墙 45

■ 一座较为瞩目的石墙遗迹的一个局部视角,在相邻的山上还可以找到更多相关石质遗迹。虽然那些丘陵上堆满了石质遗迹,但对于非专业人士来说这些遗迹形同隐形。不过这也反面证明了它们曾经历了上千年的风霜。

■ 大津巴布韦遗址也不例外。在图片靠前的这堵墙，还有在远处山上被毁坏的雅典卫城。这些神秘的遗迹就是我们在南非发现的三大遗失之城的一部分，这个结构与其他数以百万的遗迹相同。有着雄伟的入口的大津巴布韦遗址仍然是一个叹为观止的景观。

式被彻底改变了。

这正是南非最有名的遗址，也是发现金质独角犀牛的地方。幸运的是，那只金质的犀牛和其他金质的神器都被保留了下来。最近的对这些早期遗址的报道都远非事实，我们决不能让这些错误的信息干扰我们的判断出现偏差。

在 2008 年，发生了一件非常重要的事情。比勒陀利亚大学（University of Pretoria）的主管和几个他们的考古学家被迫向林坡坡省（Limpopo）的土著人民道歉，因为他们亵渎了神明以及其他各种神圣的古代遗址。他们承诺归还过去 6 年甚至更长的时间从这些遗址处带走的大部分神器，然而，他们的归还是有选择性的，比如那些镶嵌在石块中的巨大钻石的神秘失踪事件他们是不会给出合理的解释的。

我们翻阅了一条时间较早的记录，这条记录是一个名为安东尼奥·费尔南德斯（Antonio Fernandes）的葡萄牙探险家在 1512 年留下的。记录描述了传说中的莫诺莫塔帕（Monomotapa）王国的巨石遗迹。这个地方即今天的津巴布韦北部的中心，费尔南德斯原先是一名服刑囚犯。在费尔南德斯生活的时代，这些石质构造也是荒废已久，这里杂草丛生且空寂无人。费尔南德斯仅是众多服刑囚犯之一。他们被迫接受了为他们的欧洲国王

前往南非探索危险的黑大陆的选择，如果他们能幸运地生存下来就必须回到欧洲向他们的国王回报自己的发现。这看起来似乎是个有组织有预谋的计划。国王打发"下层民众"去探索隐藏的宝藏，不久后便派出军队去掠夺那些土地上的财富并奴役当地土著。早期的探险家遭遇了所谓新世界的无处不在的死亡和毁灭，这些新世界包括了：美洲、非洲、印度。这些所作所为都是以上帝的名义进行的，而且还常常能得到教皇的护佑。

1552年，费尔南德斯的继承者诺昂·德·巴洛斯（Joao de Barros）书写了有关巨大的神秘石质遗迹的记录。他也描写了这些建筑入口处上方的门楣上有着不能破译的碑文。就连摩尔（Moorish）的智者也不能识别这些被刻在门楣上的手迹。遗憾的是，这个珍贵的门楣已经神秘地消失了很久了。重要的是，经查实当地的部落在历史上的这个时代还没有书面语言，然而在这些遗迹上却发现了碑文。这些文字是谁刻上去的？从这个记录的条目可以清楚地知道，巴洛斯和摩尔人肯定知道这些遗迹是为了掘金的目的而存在的。根据罗杰·萨默斯（Roger Summers）在《南非的古代遗迹和消失文明》（*Ancient Ruins and Vanished Civilizations of Southern Africa*）中所描述的，当巴洛斯询问当地的土著人民关于原始建筑物的事情时，他被告知这些建筑物必然是被魔鬼所建，因为"这是看起来就非人

■ 临近山上一个巨大遗迹的部分俯瞰图。如你所见那样，这座山曾经就像这样被这些建筑物所覆盖。

力所能为的工作"。

现代历史学家和学者草率地给这些石头的建筑时间做了定论，自作主张地认为这些遗迹一定是当地人或者是他们的直系祖先所建设。然而，真实的情况并非如此。

班图人从非洲北部地区迁移到南非，其中部分人是由津巴布韦地区进入南非的，他们留下了一个令后人激烈争论的话题。有些学者认为这个事件发生在公元元年（0年），有些学者则认为这个事件只会发生在公元1200年之后。多年来许多学者建议，正是班图的移民者（以及之后的欧洲人）造成了科伊桑族【科伊桑族（早先的布须曼人）是两个少数民族的通称。一个是以田园生活为主的科伊族（Khoi），另一个是以游牧生活为主的桑族（San）】的灭亡，科伊桑人被赶出了他们祖祖辈辈生活的土地。这些理论一直在发生演变，在最近的几年又进行了更正。现在的观点是，科伊桑人中的科伊族大约在 2 000 年前从非洲东部抵达南非。因此，有人认为，大多数与此相关的石雕存在时间不应该超过 2 000 年。

这是一个反向逻辑应用的愚蠢的典型案例。科学地说，我们绝不能先下理论再来寻找那些证据可能对其起到支撑作用，这同时也是我作为一个独立科学家所坚守的原则——我们只能从发现来制定理论。任何经验丰富的考古学家通过科伊桑岩画的侵蚀程度（观察它们形成的裂缝）就可以推断出它们的存在已有成千上万年的时间，不会只有短短的 2 000 年历史。

我们现在理论认为班图人和科伊族人是来自非洲北部，且南非在他们到来之前是一块渺无人烟的土地。事实上，我们却发现了当时南非土地上有数以万计的石头器具。在古老的时代，这里究竟有多少人居住于此才会需要如此多的石器？无数散落在各地的石屋却没有引起任何研究者的注意。这该是我们历史学家警醒的时候了。我们应该面对现实，正视这些证据，而不是为了减少麻烦而将它们塞到地毯下。

最近出版的历史书和政府文件都直截了当地声称：直到 18 世纪早期，南非的土地上才出现了几个少数民族的小部落。在南非的早期移民者这个问题上仍然存在着诸多争议；关于班图人、科伊族人、桑族人的移居问题依旧存有很大的投机性。一些学者仍然坚持认为，津巴布韦和南非的这些石头建筑物绝非是班图人在此定居前就存在。这又是一个迫使证据来适应理论的例子。尽管"关于一个消失的南非文明"的证据比比皆是，但他们似乎总是习惯性地忽略。

主流科学界继续推崇着这个叙述，他们丝毫没有考虑到周围留下的大量的神秘遗址结构。为了凸显这种冲突，我将插入一段从南非政府信息网（www.gov.za）上截取的摘录。根据这个信息可知，尽管"现代人"已经在这个区域生活了"超过 100 000 年"，然而科伊族人和桑族人却只在南非存在了短短 2 000 年。

■ 这是一个存留在一个大石圈内的泥屋墙的局部图片，我们可以清晰地看出移民者是如何把遗迹改造成他们所需的样子。很多类似这样的例子都已经被找到。部分学者认为，这些圆形石头建筑是由同样的一群人所建，之后他们又在石建筑的内部建造了泥屋。我对此持怀疑态度，目前尚无明确证据可以证明这些学者提出的理论，我们可以确定的是这些发现确实展现了新近居住者的居住证据，但它不能作为石头建筑与泥屋建筑为同一群人所建的证据。

■ 一个平滑的石质祭坛位于一堵石墙之前，这是石器时代（Stone Age）的构造风格。我们在这里还发现了几个来自中石器时代的器具。

52 ▪ 5 古城墙

■ 一个风格迥异的石墙建筑的局部照片,它使用了泥作为黏合石头的砂浆。这个建筑位于一个更古老遗址建筑的 30 米之上,这再次展现了文明世界的人们是如何在其他建筑物上实现再建造的,他们只是利用了前居住民的原料。

早期居民

1924年，人们发现了一个塔翁（Taung）（南非地名）儿童的颅骨，在南非约翰内斯堡斯托克方丹（Sterkfontein）洞穴中发现了古人化石，科学家在好望角（Cape）南部的布隆伯斯（Blombos）洞穴里完成了突破性的工作。这瞬间就将"南非是否为人类起源地"推向了古生物学研究的前沿。现代人已经在这个地方生活了超过100 000年。

科伊族人和桑族人的祖先是一群石器时代的游牧者，他们创造了丰富的石头艺术财富。科伊族人和桑族人虽说都称为科伊桑族人，但他们仍是两个不同的民族。

科伊族人，大约在2 000年前，采取了以放牧羊群为主的田园生活方式。之后一段时间，他们也开始放牧牛群。当这些游牧者适应了当地环境并逐渐在这块大陆的其余地方开始生活后，他们发现了位于纳米比亚（Namibia）和东开普省（Eastern Cape）中间的大片草原和充足的水源，他们开始在水源附近生活。也正是此时，以农牧交错方式为主的班图族迁徙到了南非，随之而来的便是铁器时代的文明，班图人引进了农作物。班图人在南非水源较为充足的东部沿岸地区定居了下来，之后又延伸到了内陆的高原地区，或者说是"高海拔草原"。在这里，他们选择了更为广阔的放牧生活。

石质遗迹之谜至今悬而未决。我们无法对那些遗迹和当时的定居者们进行解释，我们也不能对那里的上百条总长几千公里的古老道路和成千上万的石质庞然大物进行解释。它们的位置与许多天文地理要素相对应，长达几千公里的梯田以及需要完成这些构造所需的人口数量都是我们需要进一步探求的谜底。

从巴洛斯的记录中可以很清晰地看出，在大津巴布韦发现的那些神秘文字并非出自那些从北部迁徙而来的新非洲定居者之手（他们仅仅是占有了这些建造物而已）。这些神秘文字的存在应归功于一个更早期的南非文明，那些更早期的人类创造了石头艺术。最重要的是，他们是一个有着书面语言的民族。

6 对星体的痴迷

事实上，人类历史上的所有的文明都对星体痴迷。他们观察它们、尊崇它们，并追寻着它们的轨迹。他们用艺术手法描绘星体，用石雕记录它们的存在，他们还在石头上雕刻了大量的天体人类的形象。他们对有关宇宙知识的掌握令人吃惊。来自中美洲（Mesoamerica）的玛雅人（Maya）就是一个绝佳的例子，他们有着各种各样精确的历法，这种历法可以测算前后几百万年的宇宙事件。他们还知道天蝎座（Scorpio）和人马座（Sagittarius）指明了我们银河的中心位置。直到 20 世纪后半段，我们的科学家们才突然意识到这些古代人拥有比我们更加先进的宇宙知识，越来越多的科学家开始加入这个研究领域。

与地球生命相关联的最常见的天体系统是天狼星（Sirius）、昴宿星（Pleiades）、猎户腰带（Orion's Belt）。虽然猎户星座在吉萨金字塔（Giza Pyramid）、玛雅金字塔（Mayan Pyramid），甚至是大津巴布韦的遗址建设中都发挥了重要作用。但天狼星更叫人惊喜，天狼星在大金字塔（Great Pyramid）的构造中起了关键性的作用，而且埃及的天狼星历（Sothic calendar，古埃及历法）同样也是以此为基础而确立的。大金字塔南部的两根轴的第二根代表的就是猎户星座，据说，这些轴代表了法老的灵魂向生命之源的提升。这不过是古代人丰富的宇宙知识中的一个小片段。

如果你认为这些先进的知识不可能在古老南非的古老民族中存在，那么你就大错特错了。对星体的沉迷早已深深烙印在了南非的传统文化中。根据科瑞多·穆特瓦（Credo Mutwa）所说，在南非有着各种各样的"星之部落"，他们掌握了关于星体的丰富的知识。恩德贝勒（Ndebele）人就是其中之一，他们掌握了有关猎户星座的姆布贝（Mbube）星的知识。约翰·海涅（Johan Heine）在亚当历法上一丝不苟的创造性研究工作，表明了这些南非的古老文明在很早之前就涉及到了星体，即天文学。这比我们所熟知的任何文明对天文学的接触都早。然而，我们最初的估算结果认为亚当历法和猎户星座相对应是发生在大约 75 000 年之前，而最新的计算结果则认为是在 160 000 年之前。我们还需要进行更多的测量工作，我相信我们很快就能找到这些遗址与天狼星的联系。科瑞多·穆特瓦曾提出地球上的生命起源于天狼星的假想，我较为赞同他的观点，因为他提出猜想的正确率总是很高。

马里（Mali）的多贡人（Dogen）则是非洲的另一个"星之部落"的代表。他们对宇

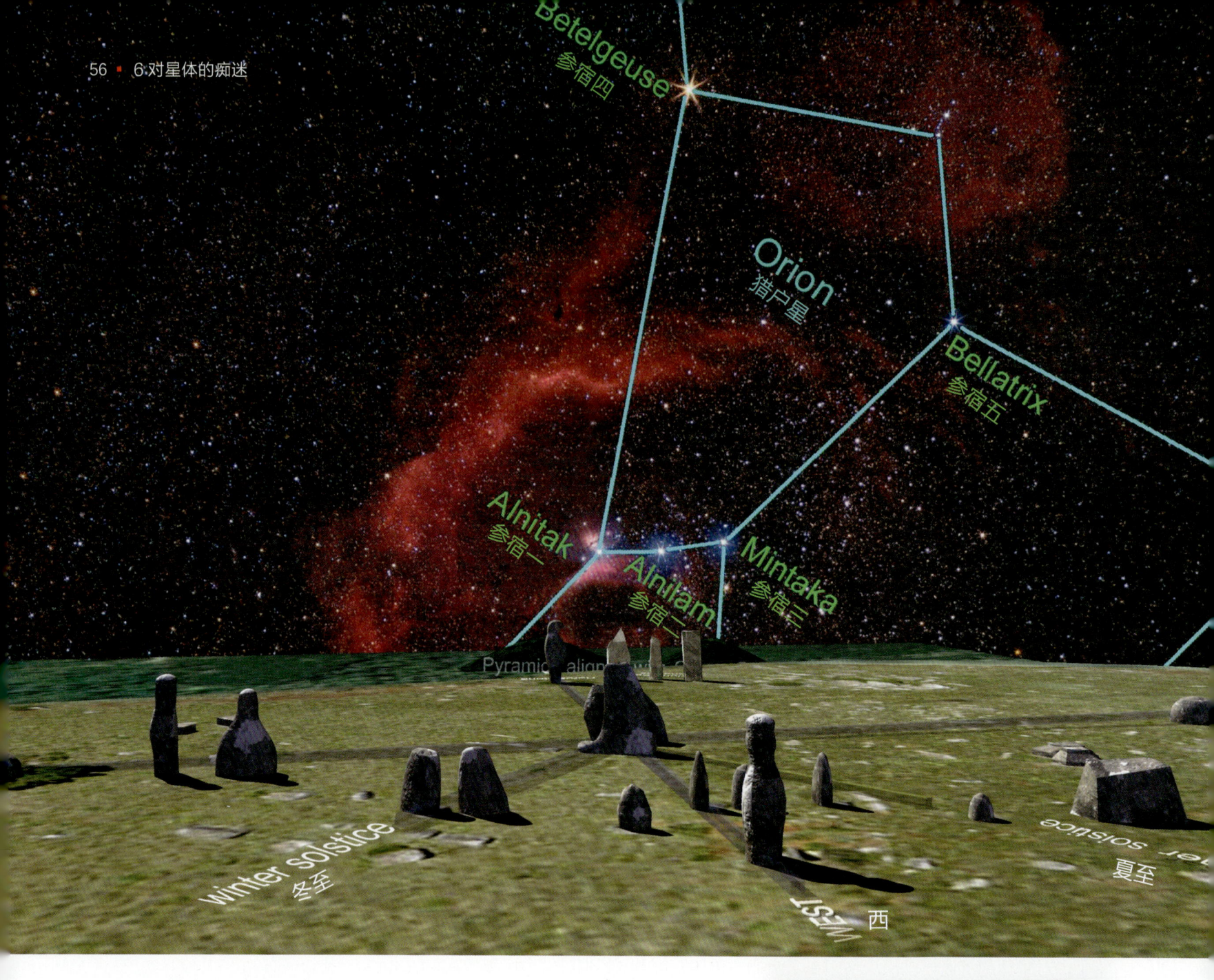

■ 亚当历法的一个三维重构，这幅图展示了荷鲁斯（Horus）的位置，以及三个与猎户星座对应的石头，它们排列成行——这完美地展现了春分日之时的猎户星座腰带，它们看上去就像是平躺着的猎户星座。最新的计算结果表明了这至少出现在了 160 000 年以前，当然，这还需要更多的测量手段和计算结果来佐证。

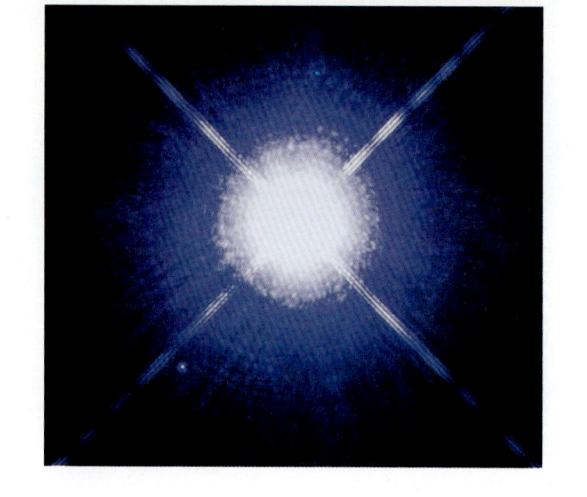

■ 天狼星 A 和它的小伴星天狼星 B，位于左侧下方。

宙事件有着匪夷所思的认知。多贡人相信地球上的生命来源于天狼星，这俨然成为了他们上千年坚持的理念。他们知道天空中最明亮的星体天狼星有一个伴星——天狼星B。他们认为太阳是天狼星二元体系中的一部分。同时，这些知识最近才被一个开明的天文学家团体所揭示，美国研究者沃特·克鲁特登（Walter Cruttenden）在他的作品《神话与时间的失落之星》（Lost Star of Myth and Time）中对此进行了详细的描述。多贡人的牧师宣称天狼星有一个伴星，是人类肉眼无法观测的。他们还说这颗伴星围绕天狼星作椭圆轨道的公转周期是55年，它同时也进行自转运动。它小且外表呈白色，也是"最重的星星"。

到了1844年，这些信息才被现代天文学家所发现，这时他们才开始推测天狼星A有个伴星。他们注意到这颗星体的轨迹不规则且摇晃不稳的，这说明一定存在第二颗星星。在1862年，艾伦·克拉克（Alan Clark）才发现了第二颗星星，证实了天狼星是一个双星系统的猜想。在20世纪20年代，天狼星B被确定为是一颗白矮星，比地球稍小。白矮星是一种高密度、低亮度，且具有极大引力场的星体。正是这个引力场的作用致使了天狼星A出现了奇怪的运动轨迹。在多贡族，天狼星B的名字叫"Po Tolo"，我们可以翻译为"最小的种子"。"种子"代表了创生，并预示地球上生命的播种来自天狼星的种子。

在上千年前，多贡人就已经总结了天狼星B的三个特征：小、重、白。这在我们今天看来非常不可思议，学者们总是不愿与神秘事件打交道，故而很难理解他们在天文学上的突破。我们必须冷静地看待这点，而且要努力尝试去找到这些知识的真正起源。这些来自非洲地区的看似原始的部落是如何具有如此先进的天文学知识的？

一旦我们开始分析南非的这些成千上万的石质遗迹，就会发现这些古老的建造者们本身有着极为丰富的天体知识。在这些巨大的石质遗迹的诸多特征中，最引人瞩目的是它们与地球上的冬夏至/春秋分相对应，还有可能与天狼星、猎户星及其他星体存在某种关联。约翰·海涅是这个领域的第一个真正的开拓者，他测量和分析的遗迹比任何人都多，通过他的工作，我们得以知晓了南非第一批子民建筑师的古老技能。

很多遗迹都表现出了非常复杂的几何排列和先进的几何学知识。包括了热惰性因子（φ）和黄金比例接近0.618:1，这也是大自然和宇宙排列它自身的因子。从他们神圣的几何学中可以看出贝壳、松果、人体比例，和地球上以及宇宙中的所有生命物质的形状，甚至是星体排列的方式。它也被称为黄金螺旋线，与自然和宇宙中的自由能流相关。这个古老的知识在亚当历法的构造中显而易见。山谷中的金字塔通过黄金螺旋线相连，这种连接只是巧合的可能性只有几百万分之一，这两个遗址之间的连接一定是一种有意识的行为。

很多学者认为石头废墟的建设是在2 000年前的石器时代早期，并有迁徙至此的游猎者和重农者建造。但目前尚无明确的证据可以证明是这些人应用了如此精密的排列知识来建造了这些建筑物。这些建筑风格并不符合这些从北部而来的早期定居者的习性，它们更像是南非的一个销声匿迹的古老文明所遗留下来的——所有人的祖先——第一批子民。

西里尔·赫罗姆尼克（Cyril Hromnik）在1981年写下了他的杰作《印度—非洲》（Indo-Africa），他提出了当前南非的许多文化都受到了印度的影响的观点，尤其是印度南部的德拉威（Dravidian）民族对南非的影响很大。因他的观点与当前大多学者不符，故

■ 亚当历法的三维重构图的东部视角。在埃及荷鲁斯鹰（Horus hawk）雕像的右边是与猎户星座相对应的三个石头，它们排列成行延伸至右上角的角落，你会看到两座金字塔浅浅的轮廓，它们也和猎户星座的延伸线对齐。这两座金字塔与大津巴布韦和埃及吉萨的大金字塔在东经31°的方向上相对齐。

树敌甚多。而事实上，他在这个领域里有着精彩绝伦的研究，他的研究表明在2 000年前甚至更久以前，就有德拉威掘金者和商贩在南非活动。他们在南非留下了许多活动的痕迹并深深影响了后来的南非文化，这在许多的南非文明和土著语言中都可以找到证据。我探讨过的许多石质遗迹都直接或间接地与德拉威民族文化相关，赫罗姆尼克记录了许多这方面的文章。

德拉威民族留下了许多重要的线索，甚至还有一些名词在南非沿用至今。就像赫罗姆尼克在他1996年发表的文章中写到的那样：

直到16世纪，普马兰加的产金地区才被称为"科马提之陆（Komatiland）"。早期的葡萄牙人称它为"Terra dos Macomates"（印地语），意为科马提（Komati）人

■ 照片以一个螺旋星系为例展现自然界中的一切事物是如何符合黄金螺旋线或是黄金比例的。

的土地。科马提人是南印度德拉威商人阶层的一个专有名称。这个名字还和科马提河、科马提普尔（Komatipoort）等有关联。在黄金开发世纪期间，他们与土著西贡人（Kung）（也就是布希人）联姻孕育了克纳（Quena），还与来自西北部的黑人联姻孕育了阿班图（aBantu）人，这共同导致了马科马提族的产生。早期欧洲的名字就是"MaKomatidesa"（豪萨语）——马科马提之地。

我研究过的许多居住在了圆形石头外围的定居者，很明显就是德拉威人的后裔，他们痴迷于观察太阳和其他星体的运动轨迹。赫罗姆尼克对殁日战车（the Chariot of the Dying Sun）遗迹的详细研究就是对此非常不错的证据，这个遗迹位于普马兰加，我们还对其进行了航拍并展现给读者。遗迹上有许多巨石呈环状排列，神龛和其他标记性的石头似乎都出自于这些来自亚洲的黄金商贩之手。有可能在 1 000 年前甚至更久远，德拉威的建筑师们有意地将这些物体的排列与太阳的运动轨迹相对齐。然而，是否存在这样的可能性："这些构造最早由地球上所有人类的祖先（即第一批子民）建造，他们同时也是德拉威人的祖先。德拉威人于 2 000 年前到达此地，他们凭借自己对天文学的较高认知很快识别并理解了这些前人的建筑思想。随后，他们对遗迹进行了细微调整并居住下来。"我的观点：这些圆形的建筑结构与太阳的方向对齐也许并非设计的首要原因，首要原因应该是与能源的创造相关，产生能源的设备的机构大多会以环状结构出现。我们将在"遗迹之形是能源设备"一章详细讨论这一点。

有大量的例子可以证明神龛分散在普马兰加的各地，它们中的大多数都展现出了德拉威人的文化符号和建筑形状。然而，大量的岩刻石画也表明了南非的古老文化并非只与德拉威人相关，他们还包括苏美尔人和埃及人。这和我之前的预想非常吻合，因为以当时在

■ 我们的家"银河系"驻扎在这片广袤的宇宙中。望向银河系的中心，我们可以清楚地看到明亮的中心。它是所有能量和星球大爆炸的起源，它对太阳系中的恒星和行星起着极大的关联性作用，包括我们的太阳和地球。保罗·拉维奥莱特博士（Dr. Paul LaViolette）的最新科学研究表明了这类活动的发生有一个可预见的周期，我们会在"大洪水（The Flood）"一章中进行详细讨论。

南非的德拉威矿工的人数，不足以修建如此巨大规模的石头建筑群落。

我的研究成果确立了我的思想，已有无数的证据表明：地球上最早的人类生活在南非，他们创造了最初的艺术、最初的团体、最初的挖掘活动，以及地球上最初的城。而一些学者持反对的声音，他们认为南非在北部的移居者（黑人和白人）迁徙至此之前，一直是块空置之地。我需要提醒大家：一切古文明的确立都是建立在考古证据之下的。即便是如"伦敦和罗马"这样的现代城市，考古学家也在不断地发现深埋其下的物品并重新修正和揭开了那些曾经被隐藏了的历史文化。由此，我们不得不深思那些埋藏在南非的石质遗址下的隐藏着的消失了的古代文明。是什么变故致使这些古老的城市被大规模地掩盖在沙土之下？我将在"大洪水"一章中对这个全球性灾难进行仔细探讨。

■ 殁日战车遗迹

■ 约翰·海涅测量并解析了另一个石质遗迹来确定它对应的天体以及结构意义。

7 亚当历法

亚当历法中间的历法之石的实景视图。在冬至日之时，比较高的那块石头的边界正好可以使得落日的影子映射到矮一些的石头边界上。

■ 石头祭坛，这有可能是苏美尔人的神明杜穆斯（Dumuzi）的栖息之处。下面这张图则显示了祭坛上的占卜活动。

科瑞多·穆特瓦把亚当历法称为是地球上最神圣之地，这是天堂和地球母亲交配的地方。祖鲁（Zulu）族也将这里称为"太阳的诞生地"。非洲的知识守护者相信这是上帝创造人类的地方。在巫师和萨满中，亚当历法是人人皆知的神圣之地。在苏美尔泥板上的多处文章中都描述了恩基如何为他自己在阿普斯建造了一个特别的观察据点。这个观察据点被建立在一个峭壁的边沿，位于恩基住处的北延伸线上并指向埃及的大金字塔——我一直坚信他的住处就是大津巴布韦，它被称为"双峰"。地球上没有一个地方比亚当历法这个词语更符合对他的描述了，所有的证据都指引我走向这个结论。很多灵媒告诉我，这确实是恩基所建之地，在阿非利堪斯语的"Kyknet"频道中曾播出了一个纪录片，对这个南非的神圣之地进行了详细的报道。一个灵媒透露说这是地球上最古老的地方，在它建造之初人类还尚未出现。

亚当历法里的故事和石头都没有记录到历史课本中去。它们把南非的第一批子民和埃及文明联系到了一起。这个地方包含了荷鲁斯鹰的第一个雕塑，它在埃及古物学中无人不知。这座雕塑很可能已有了超过 200 000 年的历史。我们通过对猎户星座腰带的计算，发现它的排列似乎在朝着雕塑的方向倾斜。注意看荷鲁斯那已经坏掉的鼻子或者说是鸟喙，面向的是山的那一侧。这个雕塑令人难以置信的历史就是埃及人从南非的第一批子民那里继承了他们大多数核心符号的证据。

要说这个地方的奇怪历史的话，在亚当历法北部约 700 米的地方，还有一个令人惊奇的石头祭坛。不同的能量检测方式和红外谱图都表明了这里曾是一个墓穴。苏美尔泥板常常会提及到尹娜娜（Inanna）和杜穆斯这两个名字，也即苏美尔泥板的朱丽叶（Juliet）和罗密欧（Romeo）。我们都知道苏美尔神明杜穆斯被埋葬在阿普斯深处的一座面朝东方的高山山顶的峭壁边沿，也就是他父亲的特别据点。杜穆斯的父亲就是苏美尔神明恩基。这个墓穴和他们有无关联？这说不定会成为21世纪的一个重大历史发现：人类的史前文明将和所谓的神话故事一起关联。

■ 亚当历法的三维空间图。所有的历法之石都是粗面玄武岩，而基石都是黑礁石英岩。这就是所谓的德兰士瓦悬崖的边沿。所有的历法巨石都是从遥远的地方运到此处来打造和竖立起来的。

8 南非的狮身人面像

第一座狮身人面像傲然地坐落在亚当历法的仪式之道附近。根据最新发现，这是另一个有关人类历史的重大符号和重大线索。正如前面章节中描述的荷鲁斯鹰那样，这些符号并非来源于埃及或是苏美尔，它来自南非。这里有可能是尹娜娜的第一座雕像所在地，苏美尔人常常会在他们的泥板上谈及到这一点。这些泥板重现了尹娜娜对阿普斯的爱恋之情，也许她会在这些石头中得到永生。这个地方至今依旧魅力非凡，而且将会不断地启迪后来的人们。

■ 狮身人面像

70 · 8 南非的狮身人面像

■ 一个展现亚当历法中仪式之道的绝佳视角,它把非洲南部的遗址和主要历法的遗址连接到了一起。这条道路穿过了众多伏倒在地的粗粒玄武岩巨石,它们身上都有雕刻过和造形过的痕迹。这是一个绝佳的案例,它来自于古代雕刻师之手。

8 南非的狮身人面像 ■ 71

■ 亚当历法中的仪式之道上的无头雕塑，这很可能就是尹娜娜的雕塑。

■ 在巴黎博物馆里陈列着的尹娜娜雕塑。在苏美尔泥板对尹娜娜的描述中，都会提到她站在两头瞪羚羊之间，表明了她对阿普斯的统治权。

■ 这是记述尹娜娜在阿普斯的故事的众多泥板之一。（宾夕法尼亚大学考古和人类学博物馆赞助）

■ 从另一个角度审视狮身人面像雕塑。

■ 亚当历法南面的一个视角——它屹立在悬崖的边上，朝东望向两座金字塔和春分之时的朝阳。

8 南非的狮身人面像 · 73

■ 骸骨之石，这是众多被严重腐蚀的巨石之一。地质学家也认同要达到这样的腐蚀程度需要上千年的时间。科瑞多·穆特瓦向我强调："它们腐蚀得如此快速，主要因为是它属于入教仪式的一部分。这个入教仪式要求人们在这块石头上进行排泄。不过，粗粒玄武岩的腐蚀程度可以作为这个遗址真正的年龄指标。"

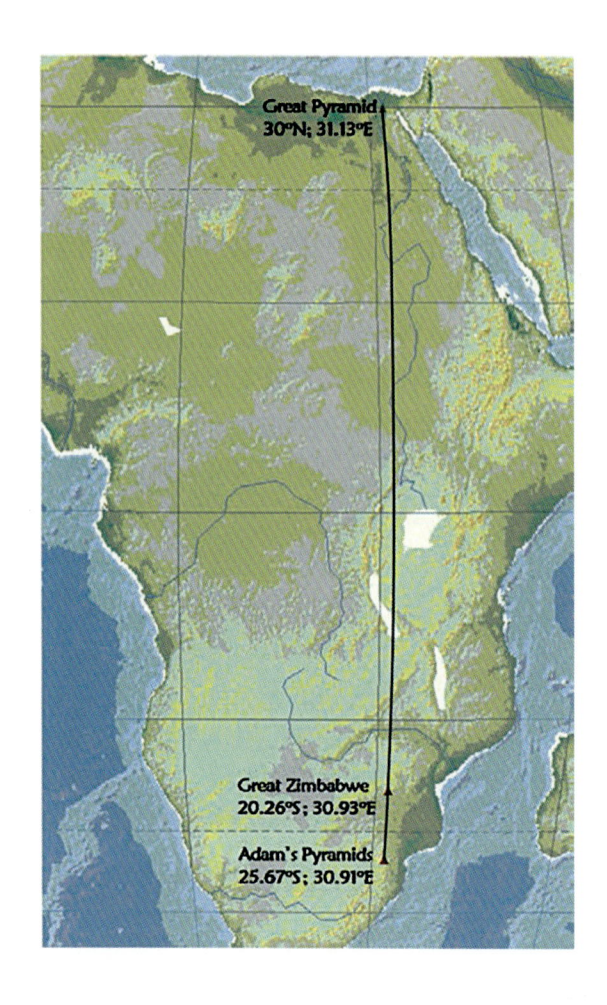

■ 一条东经31°的直线将亚当的金字塔、大津巴布韦、吉萨的大金字塔完美地连接起来。这是一种模仿能量流和能量利用的有意排列。这条延伸线也被称为尼罗河的经络（Nilotic Meridian），而且与蒂姆巴瓦蒂（Timbavati）神圣白狮相关。这条线是一条重要且古老的与银河系核心[古人称这个核心为大太阳（Great Sun）]相连接的纽带。

它更靠左一些。

亚当历法和谷底的金字塔之间是否存在着某种必然联系？我相信，在悬崖边上的那两个主要遗址和11公里之外的金字塔之间必然是存在着某种联系的，否则所有的这一切活动和构造就显得毫无意义了。我在后来逐渐发现：位于亚当历法中心的古巨石、南部的石头祭坛、金字塔，三者组成的几何图形完美地与黄金螺旋线相吻合。虽说亚当历法和大津巴布韦以及吉萨没有直接连成一条直线，但亚当历法中的金字塔却完美地和它们对齐了。我的猜想，大金字塔曾被认为是古埃及的能量之源，那么，亚当的金字塔是否是历法之石和其他遗址的能量之源呢？目前尚无绝对证据。

10 测量法

■ 六边形（The Hexagon）遗迹：它的构造中严谨地蕴含了神圣且科学的知识。

我们发现了一个遗址,并将其命名为"六边形(The Hexagon)遗迹"。这是约翰·海涅发现并测量中的重点。它的结构和排列都显现出了宇宙学、几何学、粒子物理学中的进阶知识。它以一个星辰四面体结构为模型,而这种结构又恰好是那些科学领头人用来描述宇宙中所有物质的基础结构。在古代人的概念中,它就形同于生命果实。

在本页的图片中,可以看出星辰四面体在其中不断地重复。因此,这是一个在物理学和几何学中能够在有限空间中无限循环的绝佳例子。注意,大卫之星(the star of David)实则就是一个星辰四面体的平面展示,这暗藏了古人们神圣的科技知识。我们现在的部分学者将其理解为某种未知的宗教符号,这是一个典型的谬论并延续至今。需要注意的是,围绕中心的那六个圆塑造了中间的大圆,这也是神圣的几何学领域中的一大创造性实践。

另一个结构表现出的进阶知识是染色体,或者称为车轮遗迹。初看,它和基点相对应,

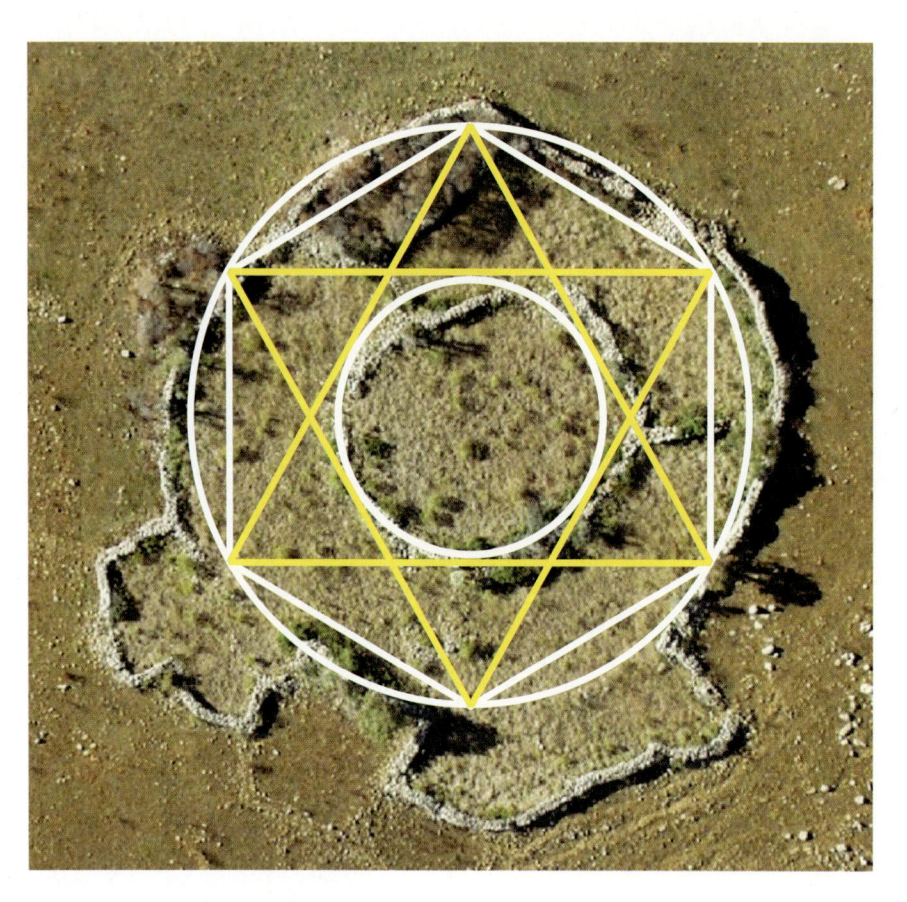

■ 六边形遗址,与星辰四面体叠加。

■ 生命果实和星辰四面体的关系图。

10 测量法 • 81

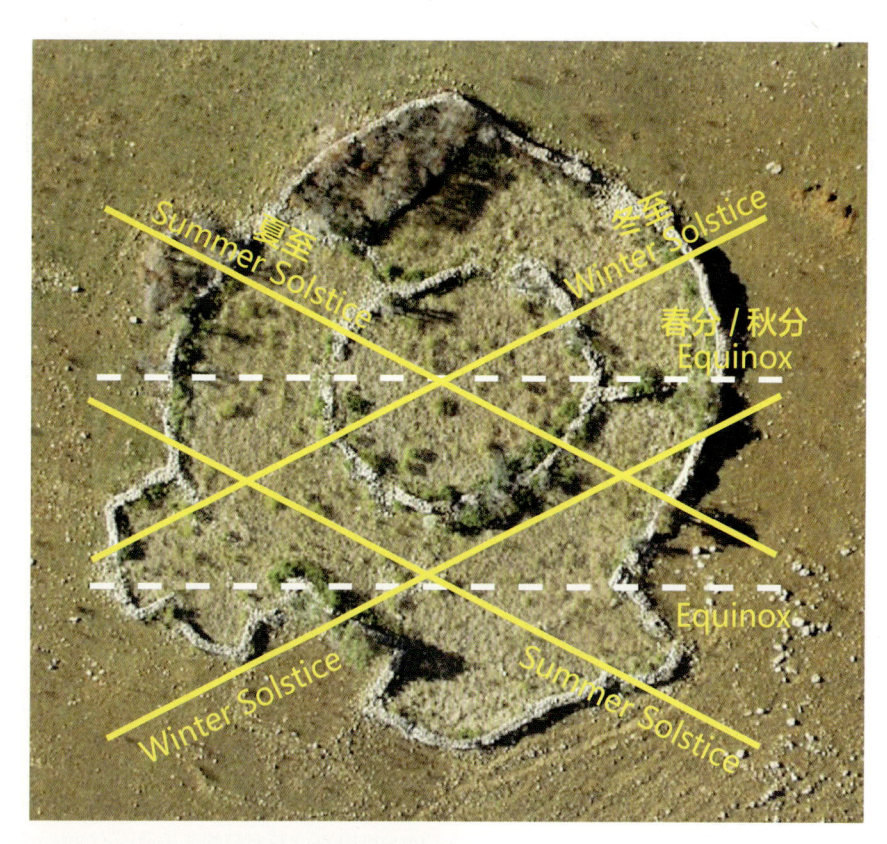

■ 六边形遗迹的排列方式蕴含着宇宙的进阶知识。

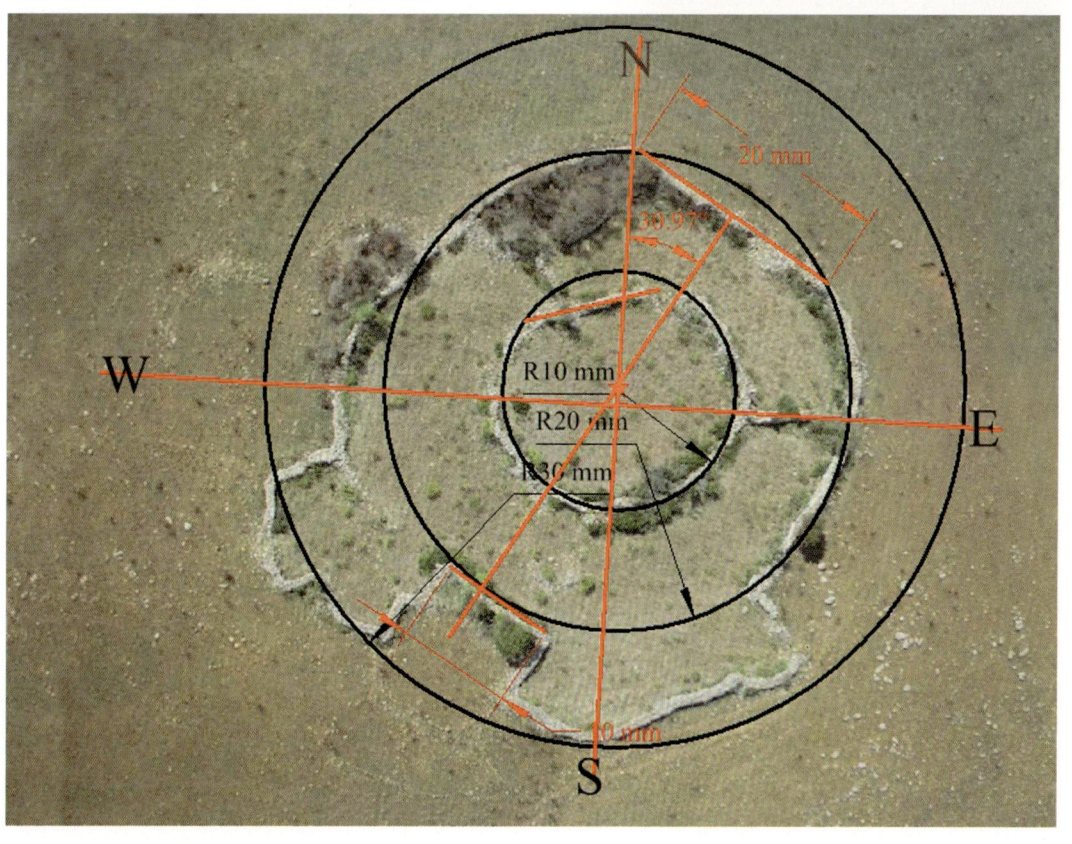

■ 这个结构中的同心圆表现出了量子物理的知识，它通过共振产生能量。

82 ▪ 10 测量法

■ 染色体（The Chromosome）或者称为车轮遗迹（Wagon Wheel ruin），表现出了与基点重叠的特性。

但它与周围结构的关系则更为让人惊奇。从照片上看，它表现为清晰可见的马蹄形状，或者称为欧姆（Ω）形状。对于左边的圆形结构来说，它必然在其原始功能中扮演了一个重要的角色。欧姆符号是声音和诵经的代名词（在诵经中，"om"音经常会出现。"Mmmm"这个音导致了嘴唇之间的共振，使得吟唱者可以敏锐地察觉到诵读它产生的物理效应）。欧姆形状里的那个小圆圈毫无疑问是为了某种目的而存在的。这说明了这种结构对于产生声音频率十分重要。在该地区，像欧姆形状这样的遗迹随处可见。

也许 φ 因子（the phi factor）是最复杂的结构了。因为它展现出了对几何学极深的理解和掌握。很明显，这是在黄金分割率和 φ 的基础上构造起来的，它同时还符合了星辰四面体的结构。想要更进一步理解这些复杂的设计，我们还需要做大量的工作。我们不能以我们现有的思维方式对它们进行简单套用。它们来自于一个与我们完全不同的时代和文明，思维方式必然也和我们存在差异。这至今仍是人类历史中的一大谜团。

■ φ 因子遗迹。外围的城墙虽然年代已久，但它若隐若现的痕迹仍旧能辨认出与大圆形相符合。

84 • 10 测量法

■ 约翰·海涅历经50年细致的研究工作为我们提供了无可辩驳的证据。这些证据证明了那些遗迹都是以某种目的而建造的，其中都蕴含了有关地球基点和神圣几何学的进阶知识。这一切都暗示了有一个更高阶层的智力和能力的存在。然而迄今为止，历史学家们仍旧对此一筹莫展。

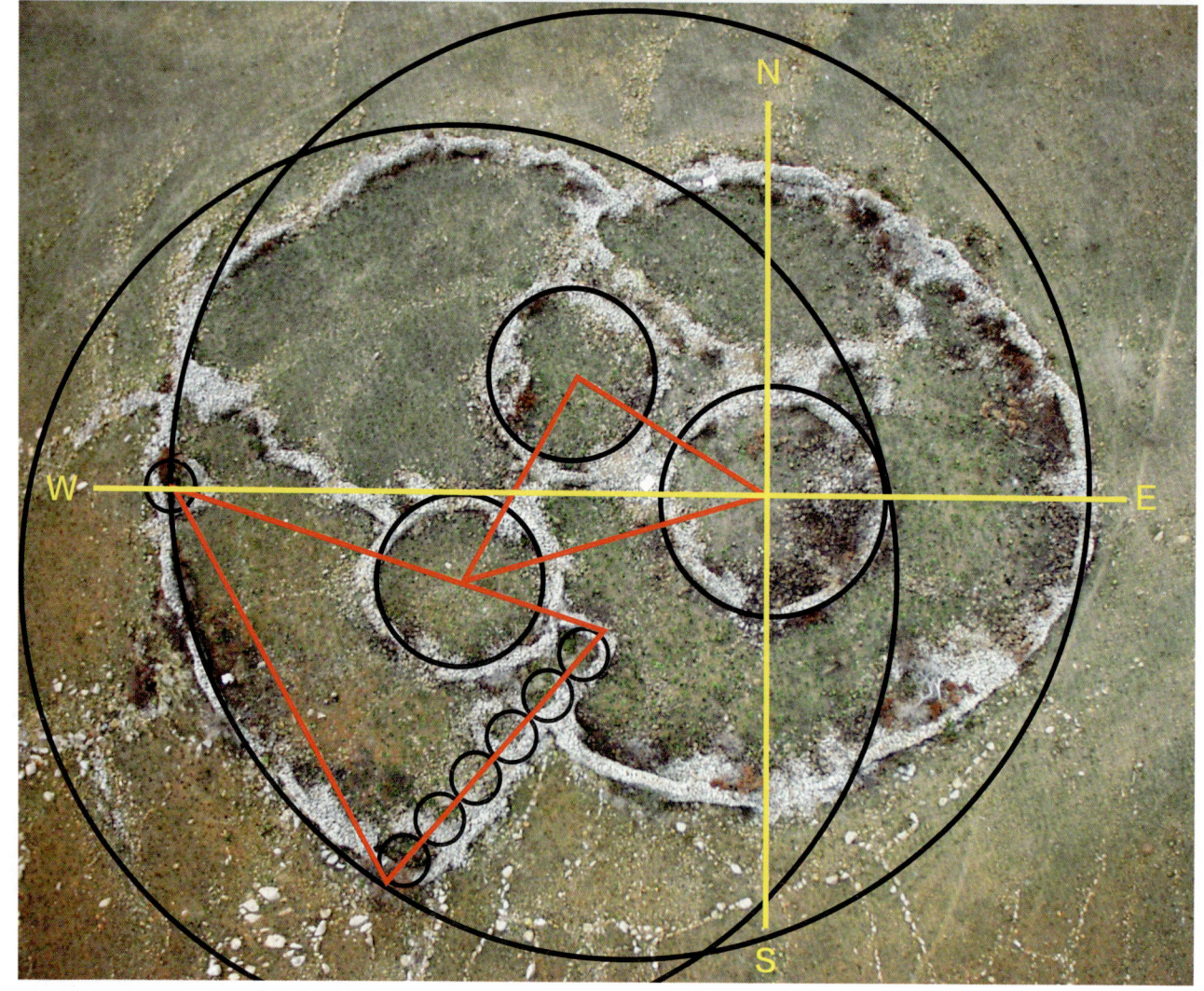

11 大洪水

大多数人都对《圣经》中提及的大洪水耳熟能详。其中一些人会认为这无非就是一个与人类历史无关的故事而已。然而，事实并非如此。大洪水，正如历史学家们提到的那样，它确实发生过，基于各种考古学发现，这个时间被大致确定为 12 000~13 000 年前。很多学者都把这个事件定义为冰河时代末期的突然结束，不过，也有人持反对观点。

保尔·拉威尔莱特博士（Dr. Paul LaViolette）的《宇宙成因》（Genesis of the Cosmos）一书对此进行了描述。作者在极地冰川的核心样品中发现了一些证据，证明了这起灭绝事件是发生在 14 500 年之前。他的研究主要是集中在"银河核球的自然挥发会定期产生巨大的类似超新星爆炸的事件"。所谓的银河核球，即我们银河系的中心。银河系中心星体发生爆炸与古人称之为"蓝星"（Blue Star）的出现相关联——这预示了文明的毁灭性崩塌。玛雅人认为，人类的一个时代大约需要约 5 200 年来筑成，即从人类毁灭到产生一个新的时代的间隔。严谨地说，现在的很多新文明都应该申明自己并非这个星球的原始文明。在它们存在之前的时代，还有着许多具有不同理念、不同社会结构、不同生活方式的人类和文明存在。玛雅人将毁灭称为重构循环，而这也是引起大洪水的诸多原因之一。

苏美尔泥板用图画性的描述方式记录了有关导致大洪水的诸多事件，这与玛雅预言和拉威尔莱特的研究成果一致。大洪水是一个在全世界范围内的多种文明同时出现的触发点。我们都知道原本覆盖着南极洲的冰层突然滑入了海洋，继而引起了一个巨大的海浪席卷全球。这个海浪有可能高达几公里，以接近 1 000 公里每小时的速度散开——就像一个涟漪一样席卷全球——从南极直至北极，覆灭了所有在它流经路径上的一切。而南极洲冰层之所以会滑动，是因为一个巨大的星体闯入了银河系中，随着它越来越接近地球轨道，引起了强烈的能量干扰（远大于在人类历史上地球历经过的所有干扰）。引力场对地球造成了巨大的影响，使得原本冰封着的冰层，被急剧骤升的地表温度所唤醒，因此发生了滑动。

那些临近海边的国家曾经因为大洪水而遭到了毁灭：南美、澳大利亚、新西兰以及南非。在所有的一切都被水和泥沙覆灭之时，那些位于高山之上的古遗迹却幸免于此。这就是为什么古老的南非文明中那些主要的石质遗迹都被埋藏于砂砾之下，而仍有部分遗迹显示于泥土之上。我相信我们今天所见到的那些存留着的构造定然是幸存者们以一个更小的规模重建的，而这些幸存者也使得地球在大洪水之后能够得以文明复兴。所有的文明都

■ 这是一座山峰半山腰上的道路，这座山峰位于莱登堡(Lydenburg)附近。从照片中我们可以看出遗迹之墙的石头和成千上万非同寻常的石器。这是一个能够证明大洪水毁灭了第一批子民文明的证据，他们的石质建筑物也因此而被泥沙覆盖。

出现在了大洪水之后，地球上的人们以一个在某处得到的全新的活力和全新的知识开始重建文明。这些人仍旧迷恋于黄金，而且痴迷程度更深。在"古代悬浮装置和黄金的白色粉末"一章中我们将继续探讨人类的黄金共性的一些原因。

12 遗失之城——消失的文明

■ 这是一个表现古老城市复杂性的例子。这幅图展现了环形路、小路。其中一个经常出现的且较为奇特的是许多环形构造都被建造在了陡峭的斜坡上，而且没有出口。

88 ▪ 12 遗失之城——消失的文明

■ 如果你希望探索这些遗迹的相关知识，你只是简单地绕着环形外围走上一圈是不会有任何作用的。只有当你从空中俯视这一切的时候，你才会发现这些环形被一个无止境的石质结构网络所连接。因此，当观察这些俯拍图时，关注到这些环形之间的几何空间时，你就会发现这其中深深蕴藏着的这个消失的文明的神秘之处。

直到最近,那些遍布南非的石质遗迹才被估测出大约有20 000座。早在20世纪70年代,津巴布韦的考古学家罗杰·萨默斯(Roger Summers)就得出了这个结论。萨默对这些结构做了大量的研究工作(尤其是大津巴布韦),另外一些早期的研究者例如西奥多·本茨(Theodore Bent)也进行了较为深入的研究。1891年,西奥多估测了在这块区域大约有4 000座这样的遗迹。在我自己过去几年的研究工作中,搜集了上千幅航拍图并徒步穿越上千公里的山区,对这些石质构造进行了粗略的统计,从我的统计结果表明这里至少有100 000座这样的神秘遗迹。

2008年9月以前,我和南非金山大学(University of the Witwatersrand)的勒威·梅森教授(Professor Revil Mason)进行了电话交流,他认同我对南非遗迹约有100 000座的统计结果。但一个新的问题接踵而来:那就是与之相匹配的人口数量,这样大的建筑群落得有多少人参与建筑,又有多少人曾驻扎在这个地方。我当时推断要完成如此浩大的工程,人口数量必须达到1 000 000以上,梅森教授马上反驳了我。毕竟,我们所有的历史课本都清楚地告诉了我们,地球的这个地方曾经人烟稀少。确实,在我们当下对历史的认知,这里不太可能有上百万人的记录。这又是另一个逆反逻辑和高智商人群给出的奇怪理由的例子。

当我们看着这些大范围的遗迹及其复杂的构造时,它的神秘性愈加深了。这些居民区并非是彼此分散开的,遗址也并非独立成小簇的石头废墟。恰好相反,它比我们想象的要

■ 大量的小环形集簇成群,就像一个蜂窝那样,从空中俯瞰下去非常清晰。

■ 一个蜂窝的密集图。

大，而且人口更加密集。居民区之间通过古老的道路彼此联系，这看起来就像是从莫桑比克到博茨瓦纳甚至更远。那些扩张的殖民者们将这很大一片区域连接起来进行统治，它远远大于今天的约翰内斯堡。即使留下的遗迹已被后来的居住者通过林业、农业和交通业的发展所破坏，但仍旧存留了许多令人惊叹的石质遗迹。它们都被 2~3 米高的城墙围绕着。遗迹和石头露头的整个区域包括了所有南非地区，其覆盖范围超过了 500 000 平方公里。

最新的勘察手段利用了卫星技术，这揭示了更多令人匪夷所思的事实。人们对我发现的遗迹数量都感到不可思议：这个数量实在过于庞大，卫星技术勘察出的数据对那些对我们观点持否定态度的学者们是一个巨大打击。有关我们古老的祖先，南非的遗失之城的计算方式我们会在下一章进行详细的说明。

接下来的这张图将会对津巴布韦大学的安·克里津格（Ann Kritzinger）的研究工作大有帮助，他认为这些地方没有居民区、斗兽场、储藏库、工作场所，也没有来提炼金子和其他金属物质的浸出槽。那个奇特的蜂窝结构说明了声波被应用在这些建筑物上，这样，居住在这里的人们才可以运用来自地球的能量——正如特斯拉在 19 世纪末所证明的那样。

自然界中的许多结构都会采用一个六边形的形状，这是因为它具有高强度的特点，同时还与能量流的产生相关联。这些遗迹集簇成群，就像一个天然的蜂窝。是否可以借助这些建筑设备生成特定的振动波，辅助于黄金采集工作呢？这类技术对今天的工业亦非新鲜事，振动频率被大量应用到各种设备中，以此实现对物质的分离。

不仅如此，这些殖民者所建造的类似声波振动模式的建筑物的规模非常巨大。当时的建造者们必然是掌握了振动能领域的相关知识，才能沿着这条线路建设如此规模巨大的建筑群。这也许是对这些图案最具科学性的解释了。值得注意的是，在环形和外部基体之间总有一条小路将它们互相连接。

12 遗失之城——消失的文明 ▪ 91

■ 当草原在冬季殆尽之时，那座消失的城市就会逐渐清晰起来。这里有着居民区、工作场所，做礼拜和举行庆典的地方。这座古老城市所覆盖的领域比今天的洛杉矶还要大。

12 遗失之城——消失的文明

■ 注意那些环绕着主要构造物的同心圆，这之中暗藏着有关共振的知识。这里还是声波能的发源地。

12 遗失之城——消失的文明 · 93

■ 再次观看那些显而易见的环形之间的空间。

94 · 12 遗失之城——消失的文明

■ 殖民者们围绕着一个特定的图案格局进行建造，这个格局与声波振动图案极为类似（插图）。

12 遗失之城——消失的文明 ▪ 95

■ 环形与环形之间有着轨道彼此相连。

13 计算可能性

■ 所有的环形结构都被有着奇怪的墙的轨道连接起来。虽然我曾经将这些轨道定义为道路，但事实上并非如此简单，它也许是对这些古老城市而言的一种相当重要的基础设施。目前唯一可以解释它们存在的价值的理论是"它们可能是能量的传载轨道——它们利用石头里的天然导电材质实现能量传送"。通过地质专家的验证，这些石头中都含有不低于 50% 的硅。硅是光和能量的绝佳传导者，硅在光纤中得到了大量应用，还可以应用到声波能中。

■ 我们获取的第一批卫星图像，图像以一个特写镜头展示出了遗失之城的密集度。这些图片甚至能看到掩藏在泥沙之下的那些曾经将这些环形构造物连接起来的结构。

我勘测了这些分散在南非、博茨瓦纳和津巴布韦之间，覆盖范围上千平方公里的殖民地。计算出每公顷土地上的环形结构的数量，以及每平方公里的平均数量，还有这些殖民者们所涉之处的整个范围。我很快估算出至少有100万座石质遗迹。很明显，对于我的本能反应并非每人都能理解和支持："这不可能！"然而，这个计算的真实值还要更加惊人。

该地区至少存在三个人口密集区域或是遗失之城，覆盖范围约有1 000平方公里。以这个角度来说，每块区域都大于今天的约翰内斯堡（或者洛杉矶）。我发现每公顷区域上平均有3.62座石质遗迹。也就是说，每平方公里上有362座石质遗迹，更进一步我们就会得出一个令人难以相信的结果，在每一个有着现代城市规模大小的区域里，就会有362万座石质遗迹。三个遗失之城的遗迹数量总共达到了1 086万座石质遗迹。我需要提醒你的是，该地区之外还有很多像这样的遗失之城，我只是没腾出时间来计算它们的数量。

进一步的计算揭示了以下的结果（在我的计算中，我对原始石墙只做了平均2米高的估算。这个估算非常保守，因为我们在实地考察中曾发现过3米高的石墙）：

13 计算可能性 99

每平方米的石头平均数量（个）	30
石质墙的平均深度（米）	5
1米高的墙每延伸1米的石头平均数量（个）	150
2米高的墙所有的石头数量（个）	300
石质环的墙的平均长度（米）	30
石头在每一个环形结构中的平均总数量（个）	9000
每块石头的平均重量（公斤）	20
一个环形中的石头平均总重量（吨）	180
在一座遗失之城里的总共石头数量（个）	325.8亿
在一座遗失之城中的总共石头重量（吨）	6.510亿

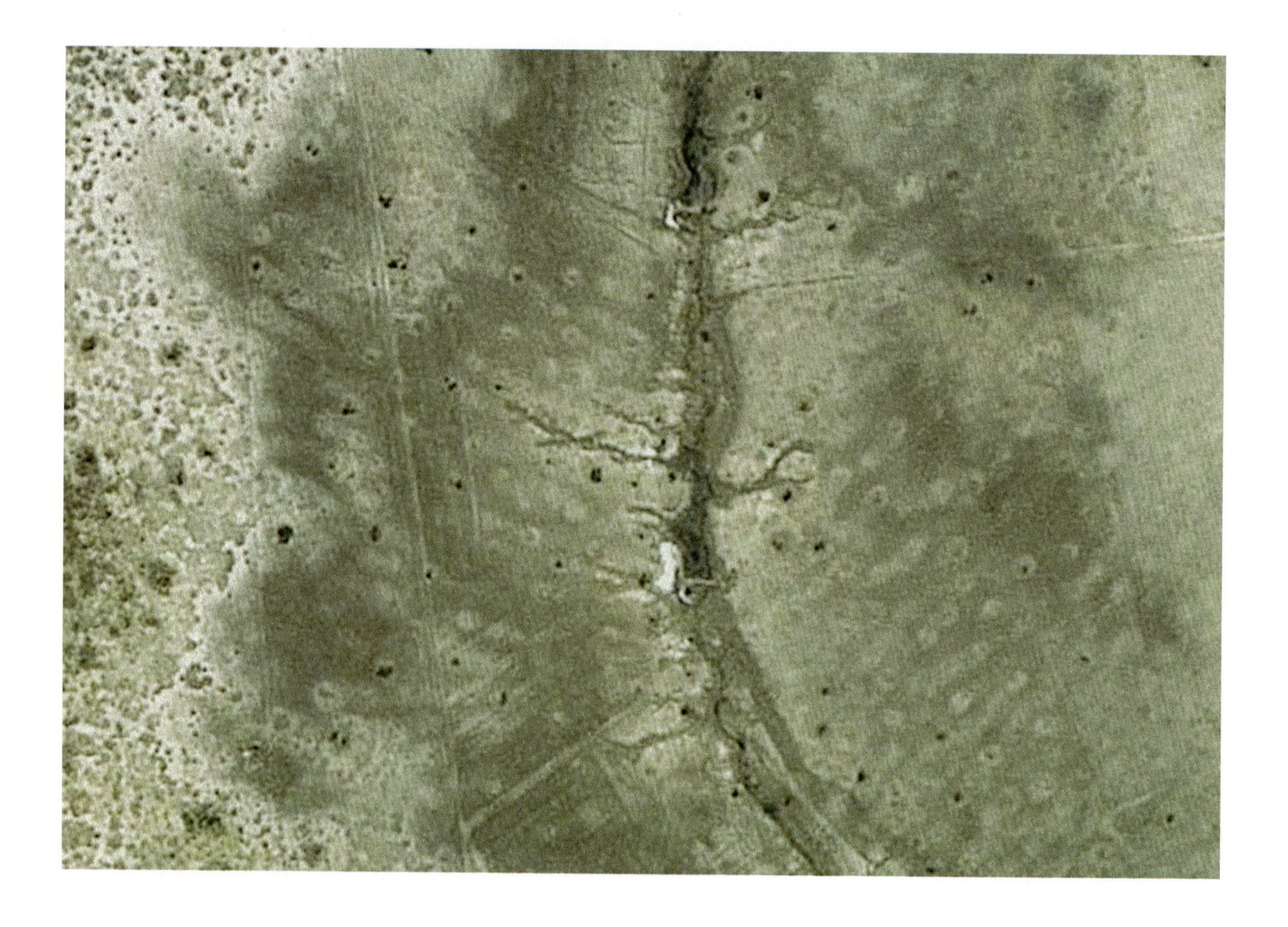

■ 这是一张航拍图，我们甚至可以在耕地中看到藏于泥沙之下的环形结构的印记。这些耕地用来耕种庄稼已有数十年的历史。

这些新的信息驱使我们务必重新审视"那些我们曾经自认为已了解的南非神秘文明和建造这些古建筑的原住民",进行更深入的研究。

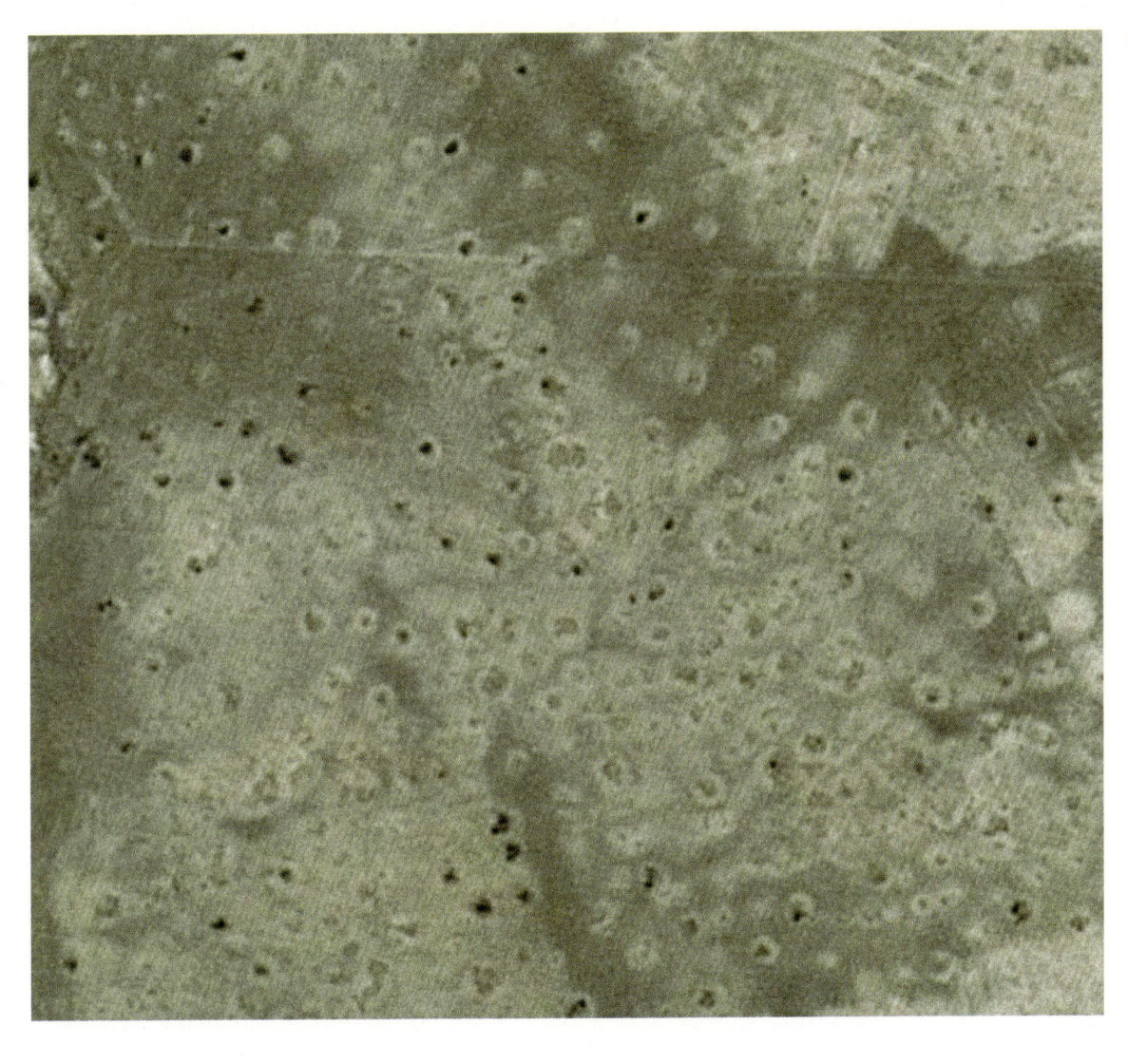

■ 在非洲丛林中,草木在适应地表环境后,以环形图案排列生长并围绕在石墙废墟的周围。我们在卫星拍摄图里进行观察将会更加容易识别。

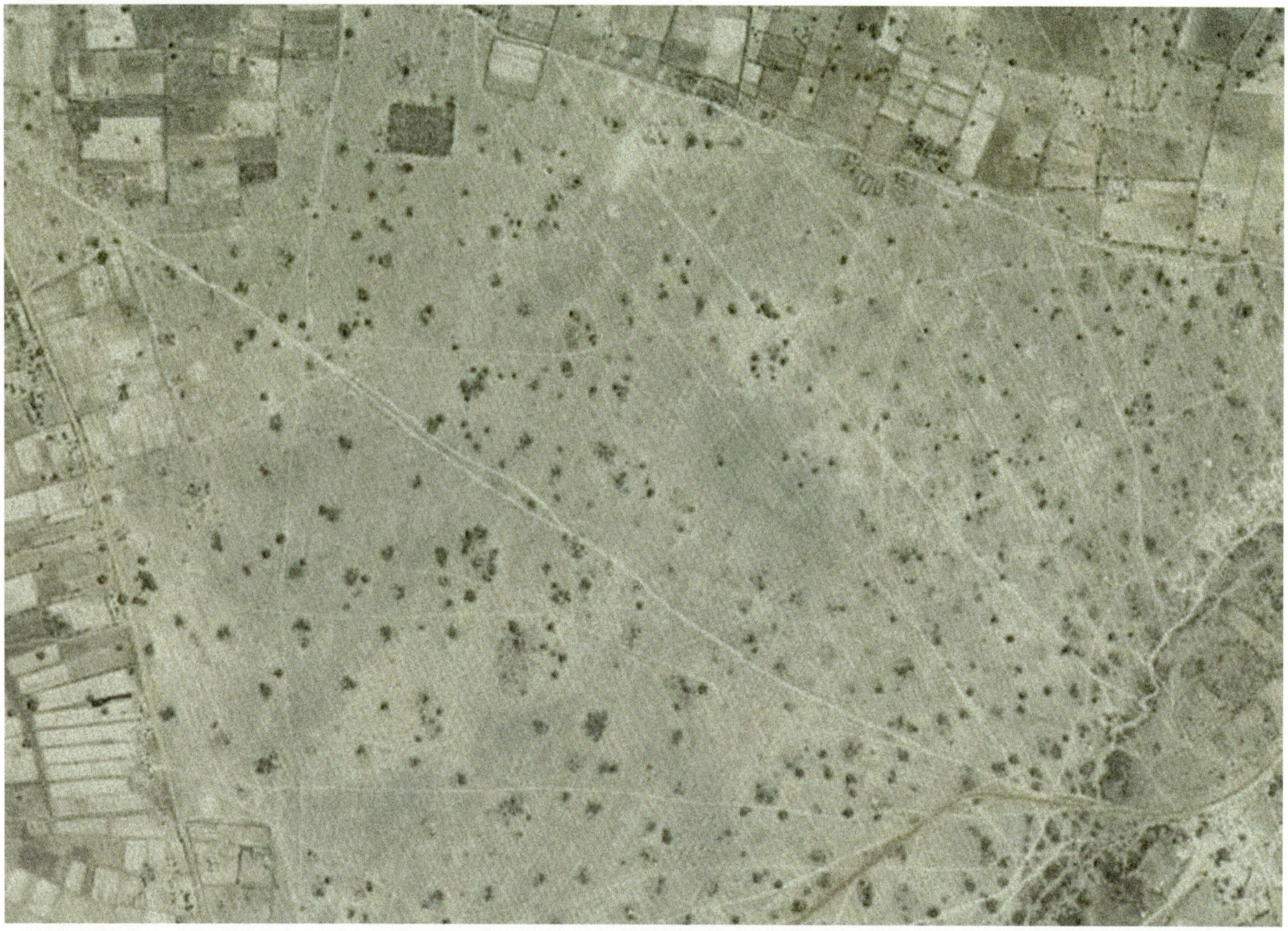

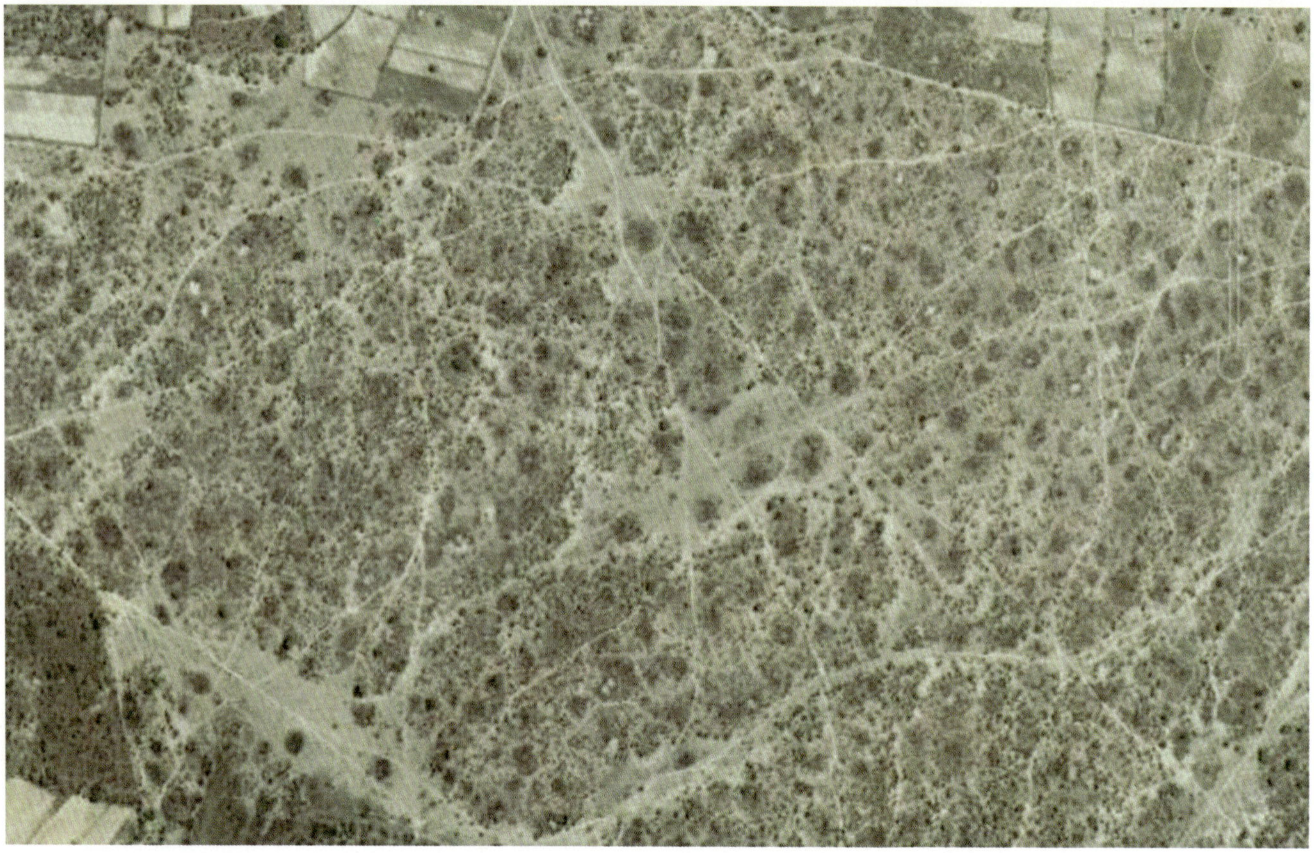

14 古老的农用梯田

> 两条道路交错于覆盖着农用梯田的山上。

萨默在20世纪70年代发表了他的研究结论（在他之前也有其他类似的结论）：在津巴布韦【从前称为罗德西亚（Rhodesia）】的古老农用梯田的覆盖面积约为190 000平方公里。也许你会认为不可思议，但当你沿着南非边界的遗迹进行探索时，你就会发现这个地方的梯田连绵不绝且覆盖面积巨大，似乎永无止境。这些发现与我们当下对古代南非人口数量的认知相违背。我最近的研究结果表明了该地区曾有过100万人口数量的文明，他们建造了上百万的石质环，并依靠这些梯田而生活。

这些梯田的构造十分精细，它们全都以石墙排列成行并相互错开。数以亿计的大大小小的石头被用来建造出不同规模的梯田，而它们中的大多数都被建造在陡峭的山坡上。有些梯田的高度甚至达到了3~5米，有些梯田则被策略性地围绕着水源来建造。还有些沟渠围绕着河流的同心圆分散各处，这很可能是曾经的一个水坝的废墟。这里储蓄的水资源可以用来灌溉梯田，或者用作他途。这些梯田的倾斜式建造恰好可使水流在地心引力的作用下一级级地往下灌溉。该地区的梯田类型并不单一，通过研究，我将牧业类梯田和种植业梯田进行了区分和定义。那些小路或轨道顺着山坡而下抵达小河和溪流，它的真实功能目前尚未揭开。

这些梯田历经多久了？

布莱恩·费根（Brian Fagan）在《时间侦探》（*Time Detectives*）一书中提及了植物考古学家（或说考古植物学家）在秘鲁和埃及发掘出了农用梯田，并对这些地区的古植物进行了分析研究。而这些农用梯田与南非的我们发现的早期梯田在结构和形式上均极为类似。这个发现令学者们不知所措：埃及的种植历史可以追溯到18 000年前，南非的种植历史也较为接近。然而，传统的教学告诉我们，古梯田的历史发现至今也就5 000年。再次，我们需要重新审视我们的认知。如果这里就是人类的发源地，如果这里就是原始人类最初发展并开始掌握艺术和生存的地方，那么，他们率先掌握了种植业并领先于世界其他地方的可能性就非常大。对梯田历史的研究是揭开这个遗失的文明的存在时间与规模大小的重要环节，这也反向说明了这些梯田的古老性，揭开这些梯田的真相尚需科学界的继续努力与探索。

在2003年的时候，阿马帕科学研究和技术开发所（Amapa Institute of Scientific and Technological Research）的考古学家们就在巴西的边界和圭亚那（French Guyana）附近的马卡帕（Macapa）的一个古巨石观察据点，发现了一个非比寻常的遗迹。这让他们异常震惊，因为他们从未想过这样一个地方曾有一个极为活跃的部落在此活动。阿马帕研究所的考古学家玛丽安娜·佩特里·卡布罗（Mariana Petry Cabral）说："只有一个有着复杂文化的社会才可能建造出这样规模的遗址，这些遗址至少有2 000年的历史甚至更加久远"。这里的殖民地相当辽阔，覆盖面积超过1 000平方公里。它们被梯田和道路围绕着，就像南非的那些遗迹一样，在巴西丛林深处的发现竟然和南非如此相似。这引起了全世界的考古学家和历史学家们重新审视地球的古人类活动的激情。不管怎样，非洲仍旧是重中之重。

14 古老的农用梯田 ▪ 105

■ 这是瓦特法尔一波文的一座山的山顶的一块巨型岩石，学者们曾一度认为它是背后水源的引流管道，它将所有的水源汇聚到并流入依兰河（Eland River）。这块岩石就屹立在一个古代居民区的环形建筑边沿。现今这里早已被草木覆盖，留下的证据几乎被破坏，只剩下为数不多的几处石质遗迹。附近的一条高速公路的修建导致这些遗迹被二次破坏。我们相信，公路管理局将会在不久后意识到这点，且逐步对那些沿着公路的尚未被破坏的遗迹制定出相应的文物保护措施。

■ 一个古代梯田的独特视角，照片清晰地展现了它们复杂的结构——这样建造的目的是避免石头在引力作用下滑向下面的河流。

14 古老的农用梯田 ▪ 107

▪ 一旦你的眼睛扫向照片，你就会认出那个符号，那些遍布各处的梯田。

▪ 这是丛林中的梯田残留物。大多数人也许认为，这无非就是沿着斜坡的岩石的露头，但事实上，成千上万个这样的梯田都被隐藏在了丛林之中。

14 古老的农用梯田

■ 照片中展示了从古梯田上散落下来的石头遗迹。在缺乏想象力和洞察力的视界,这仅仅是自然界中普通的石头从山顶滑下来的状态。

15 古老的道路和神秘能量

■ 一个展现互相连接着的轨道正穿越密集居民区的绝佳视角。现在这些古居民区早已被毁灭或被泥沙覆灭。这些古代建筑形成了一个有着紧密结构排列着的蜂窝状。我认为这里必然存在有古老的浸出槽，因为这是开采和加工金属的必需设备。这些金属极可能是金子。照片由古斯塔夫·凡·伦斯堡（Gustav van Rensburg）拍摄。

当你从空中俯瞰这些遗迹时，你才会对这块殖民地的规模大小有一个完整的概念。那些至今屹立不倒的石墙会首先引起我们的注意，这些石墙连绵不绝，就像蜘蛛网一样把所有的石质遗迹都囊括其中。这个巨大的向外扩张着的石墙网被泥沙所掩盖，如果仅仅是步行在遗迹中穿行，很难察觉到它们的存在——这是一个等待被开发的重要信息。我通过研究发现，目前尚无学者对此进行过详细的研究。

也只有在空中，你才能识别连接所有这些石头定居点的连续的古老道路。通过我们的不完全统计，至少可以确定 500 公里的古老道路的存在。这些古老道路曾有效地服务于这个古老的文明，覆盖于莫桑比克海岸一直到博茨瓦纳和津巴布韦甚至数千公里的区域。如果你坚持空中探索，将会发现更大的更多的目前还未被发现的古老道路。

这些道路曾有效率地服务于这些古老文明，它们四通八达。从巴伯顿（Barberton）通往瓦特法尔—波文、卡罗来纳州、贝尔法斯特（Belfast）、米德尔堡（Middelburg），越过勒斯滕堡（Rustenburg）进入博茨瓦纳。这个道路系统还向北部延伸，穿过彼得斯堡（Pietersburg）进入津巴布韦。现今保存完好的道路都被它们边上的石墙彼此连接起来。在某些地方，这些石墙甚至会有1.5米高。对于这些古老的道路，我们至今仍旧是一头雾水。为什么这些人会在道路旁用上百万块石头切成墙，并实现道路的连接呢？

我们对这些古代道路进行了反复勘查，通过精密的计算，仅是我们已确定道路的那部分就要花费掉5亿块巨石来完成道路的建造。这项工程实在太浩大了，单纯地依靠那些从北部来的移民部落实现这些道路的建造在人力上不足以提供支撑。正如许多学者所宣称的：历史上没有一个文明会在他们的道路上砌上这样的石墙，也没有对如此大规模的道路工程是出自古代南非人之手的相关文献记录。这衍生出了一系列有关确定这些建筑物的建造者是谁的问题，以及这些道路是什么时候且出于什么目的而修建。他们应用的何种交通方式也令我们感到费解，因为车轮是在15世纪由葡萄牙的探险家带到南非的。

这些道路若隐若现地在石质遗迹和殖民地之间蜿蜒转折。在某些部位它们会顺着陡坡而下，这说明道路的使用者对交通运输作业具有较高层次的认识——因为在这样陡峭的山坡上，是无法利用马、牛等牲畜实现运输作业的。鉴于此，我们必须对这些轨道（古道路）和它们的用途重构一个合符逻辑的且可以得到科学论证的理论解释。

也许有些人会对此持不理解态度，但事实上，当时应该存有一种技术促使一种悬浮式交通工具以某种方式吸附在充满磁性物质的石质墙上实现运输作业。在这种石头里，铁的含量非常高，而且具有导电性，这些事实对于调研工作来说至关重要。这个漂浮学说恰好揭示了为什么道路旁总会有连绵不绝的石墙，就类似今天的磁悬浮列车那样不受摩擦力干扰。这许许多多的照片清楚地阐明了这些轨道将不同环形构造建筑物连接起来，与今天的列车轨道网络极为相似。

112 · 15 古老的道路和神秘能量

■ 这是一个对相互连接着的古道路的特写镜头。

15 古老的道路和神秘能量 • 113

■ 这幅图的右边就很好地展现了后来的移民定居者是如何利用石头建造出一个更加棱角分明的建筑以满足自身所需的。不出所料，我们在这些石质环构造中找到了正方形的结构，这很明显是后来居住在此的人们所建造。

15 古老的道路和神秘能量

■ 这是铺在陡坡上的古代轨道的一小部分，右边的环形结构都已经被丛生的草木所掩盖。这些轨道也早已被公路作业所破坏掉了。

15·古老的道路和神秘能量 • 115

■ 被能量路径所连接起来的石质环结构。

116 15 古老的道路和神秘能量

■ 这些卫星图展示了在南非的原始遗迹的建筑废墟。道路将不同的遗迹连接起来，它们并非如我们照片中看见的模样，其真实样貌被大面积的泥沙所覆盖。

■ 作者正在向我们展示连接一个石质环遗迹的轨道，这里的环形结构没有出口也没有门。

15 古老的道路和神秘能量

■ 一个穿过山顶的保存完好的轨道,许多石质环遗迹都是通过一个短途轨道与之相连接的。

■ 一条从一个石质结构顺直而下直到山底小河的轨道。如果这个文明正如我此前的猜测"轨道可以用来传递能量",那么,它们就可以利用磁性或是其他岩石中的能源,应用悬浮力来驾驶交通工具。最后,他们还可以将水引流到陡坡之上的环形结构里。

118 ■ 15 古老的道路和神秘能量

■ 另外一个沿着陡坡而下的轨道，突然就半途而止了。说明了这儿曾经存在过一个石质环，但如今已经被彻底毁坏了。

■ 在这个开阔空间里的遗迹中，注意观察那些围绕着石质环的外围结构。

15 古老的道路和神秘能量 ▪ 119

▪ 这些轨道仍旧清晰可见，而那些曾连接在这条轨道上的石质环却早已踪影无寻。

16 古代悬浮装置和黄金的白色粉末

在你说我疯狂之前，我得提醒你关于地球上最有名的悬浮装置，也是历史上最受追捧的神器——《圣经》里的方舟。我们总不断地被提醒：《圣经》里的方舟是不会碰到地面的，它总是徘徊在地面上方几英寸处。从它黄金质的构造上我们就可以推测出重量大概在3~4吨。我们还被告知方舟是由4个人推动的，事实上，只有悬浮着的方舟才可能被4个人推动。

长久以来，关于方舟的真相的推测一直层出不穷。除此之外，还有《十诫》（Ten Commandments）中传说的泥板。一些研究者认为，所谓天堂的甘露，就是摩西在早晨将露水和一种白色粉末物质混合起来喂给以色列人（Israelites）的物质。这种白色粉末物质已被一些学者鉴定，比如劳伦斯·加德纳先生（Sir Laurence Gardner）和大卫·哈德森（David Hudson）将其定义为"黄金的白色粉末"或是"单原子"形式的黄金。也有一些学者将其称为"哲学家的石头"（the Philosopher's Stone）、"永生"（the Elixir of Life）。过去的炼金术士们将它们称为"神秘环上的星之火"。

当今领先的科学实验室都已经针对这个现象展开了研究，并得到了一些惊人的发现，这打破了我们对生命过往的看法。哈德森称黄金是由"忽里模子"（ORMEs）这种单原子组成的——"忽里模子"，即轨道单原子元素（Orbitally Rearranged Monatomic Elements）的简称。在化学和物理学中，我们通过对单原子的研究来描述那些我们已知的金属元素的特性。我们常见的八大金属元素包括：钌、铑、钯、银(称为"轻铂族元素")；锇、铱、铂、金(称为"重铂族元素")。

当你思考这些"古代遗迹"与"摩西和方舟"是否存在什么关系的时候，我会提醒你想下"摩西带着《十诫》从山上下来的时候做了什么——他带走了黄金方舟并用火焚烧它"。之后，摩西并没有把黄金方舟转变为金属流体状态，而是变成了白色粉末。然后他把这些白色粉末融入到水中，并让以色列人喝下了这些水【《出埃及记》（EXODUS）第32章第20节】。这一切到底有何意义？毫无意义可言——直到我们发现了这种白色粉末的真实特性，我们的历史书和《圣经》中对这一段内容扑朔迷离的描述突然变得意味深长起来。

这种白色蓬松的粉状物质有如下特性：当它们暴露在一个很小的电荷中时，它会吸收这个电荷的能量并将其储存起来。这种行为更像是一个电容器储能装置而非一些人认为的导体。但是，它的行为更像是一个超导体，它能在两个物体之间传导即时生效的信息。这种粉末对微能量也能以同样的方式反应，当它暴露于这微能量之中时，它会违背重力定律而保持漂浮状态。哈德森说，"在实验室中，当他将手放在容器底部外侧时，他手里的低水平能量会造成容器中的粉末上升并漂浮起来。但当我们将手换为磁铁或是其他物质进行测试时，却不会产生这样的反应。"这表明，在我们的身体里有单原子元素的痕迹，它对粉末产生了排斥——就像两个磁体会相互排斥一样。但在哈德森的研究工作中最重要的部分是，这种粉末在700~800℃之间会从你的视野中完全消失——它离开了这个空间进入到了另一个空间。随着温度的降低，粉末又会神秘地重现。据哈德森所说，"这个信息让麻省理工学院（MIT）百思不得其解，他们拒绝发表任何与之相关的文章。"

此外，这种能量粉末还被报道，"会产生人类从未见过的明亮白光"。这是一种单频率的白光，而并非彩虹那样的原色光。也许，你觉得这些信息的信息量太过庞大，但我还会继续对其进行补充。这种粉末的愈合特性非常神秘，这也许就是摩西在沙漠中对人们实施治愈的物质。加德纳（Gardner）报道了欧洲科学家的实验，他说道："欧洲科学家们在进行一项能够确定黄金白色粉末在人类DNA链上的影响。它发出的白光甚至可以用来修复我们的DNA遗传缺陷，并用来治愈我们的细胞疾病。"这很可能就是1931年，罗耶·雷门·劳夫（Royal Raymond Rife）所发现的东西——那时他发表说，自己找到了"治愈所

■ 宗教中关于方舟的描述

有疾病的方法"。1931年11月20日，人们为他举行了宴会，宴会的地点就在加州的帕萨迪纳（Pasadena），也就是44名领头医疗科学家们宣布"结束所有疾病"的地方。然而，这一发现很快就被制药同盟打压下去，因为他们意识到这一事实会毫无疑问地导致他们的产业灭亡。劳夫还曾发表过"在他的实验室里，他已发现了如何应用声音的振动频率和特定频率范围的'白光'治愈癌细胞"的文章。

这个信息与摩西的粉末治愈事件似乎有着某种联系？摩西的人民在缺乏水和极低卫生环境的沙漠中度过了40年时间，他们不可避免地会与疾病打交道。这种白色粉末，千百年来一直都是炼金术士们和治疗者们口中的一个戒备森严的秘密。地球上的第一个金矿位于南非，它在早期领导者——恩基带领下的阿努纳奇人——的明智带领下，利用了黄金的这些先进特性使得人们的生活变得轻松愉快。这也就解释了古代人是如何利用亚当历法和磁性传导设施将数十吨的巨石轻松地搬运到目的地。

方舟会产生嘶嘶声和嗡嗡声，发出火花并射出长长的火焰。只有小部分人被允许靠近它，人们必须用一个特殊的遮盖物来掩盖它狂暴的特性。亚伦（Aaron）的两个儿子私下违背命令，解开了遮盖物企图一睹其真容，然而却不幸遇难。

对于那些现在还认为我的说法牵强附会的人，我需要再次提醒他们，方舟曾被约书亚（Joshua）应用到很多实际方面。他将自己的军队放入方舟中，并多次打败了敌人；他用方舟推倒了耶利哥（Jericho）之墙；方舟还把约旦河（River Jordan）分成了两部分，也把红海（Red Sea）分成了两部分。如果你还是对以上内容感到吃惊，我建议你读读《圣经》，尤其是《约书亚记》（《圣经》旧约的一卷）。书中清楚地提到，摩西已经拥有了方舟。所有的这一切都是有可能的，因为方舟有着人类历史上最珍贵也是最神秘的物质：黄金白色粉末。

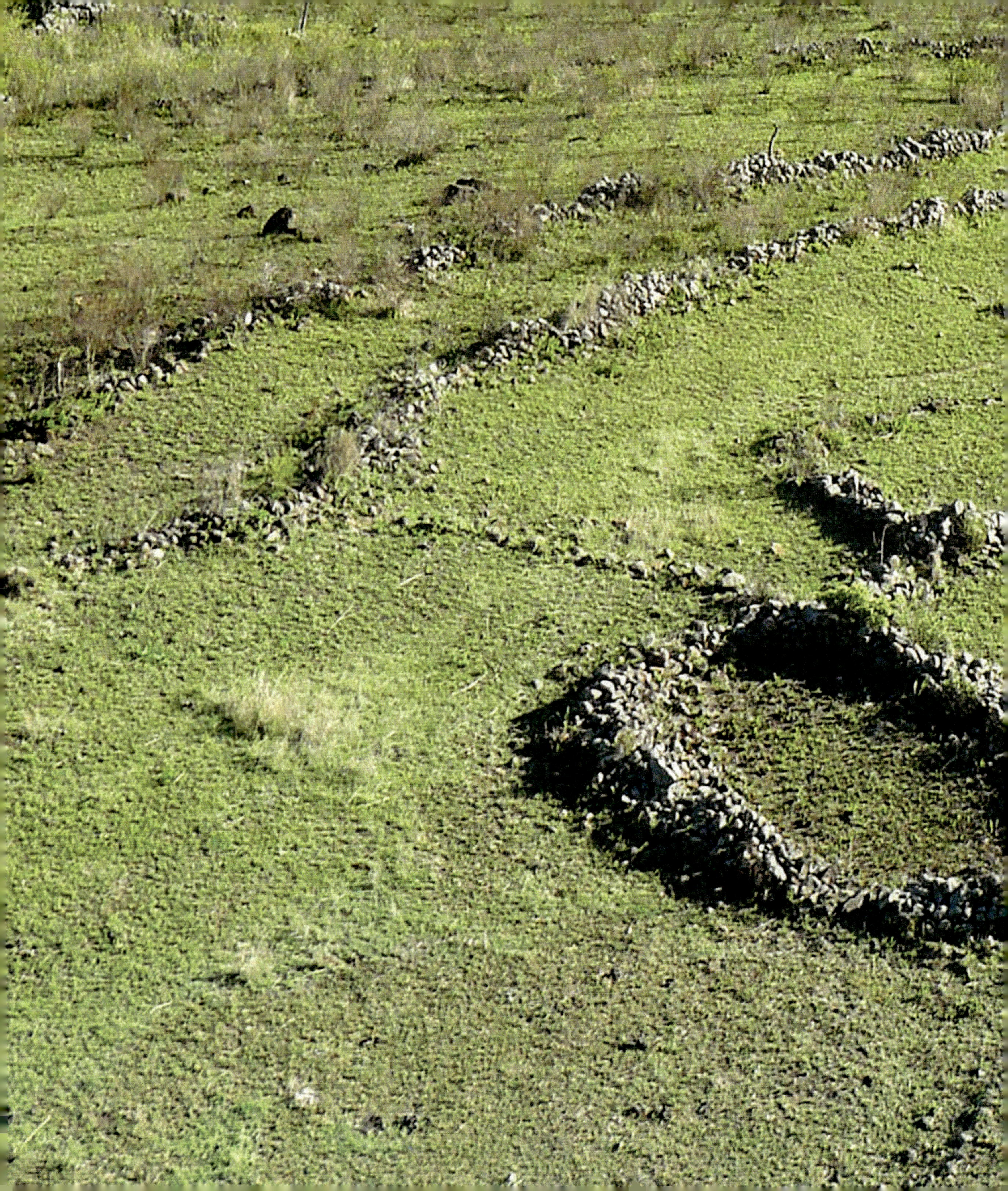

17 遗迹之形是能源装置

■ 在古代，这些环形能产生能量吗？

我们在世界各地甚至你难以想象的地方也发现了类似遗迹。它们通常都与南非的这些石质环一样呈密集组合，且也能找到连接其上的轨道废墟。这些地区包括：智利北部的沙漠平原、美国佛罗里达海岸附近的海洋、约旦土地上成千上万的石质环。

  研究人员邦桓作（Wun Chok Bong）在他的著作《上帝的机器》（*The Gods' Machines*）一书中，展示了大量有关这些古代结构是如何作为能源装置并以某种方式运转

17 遗迹之形是能源装置 ▪ 129

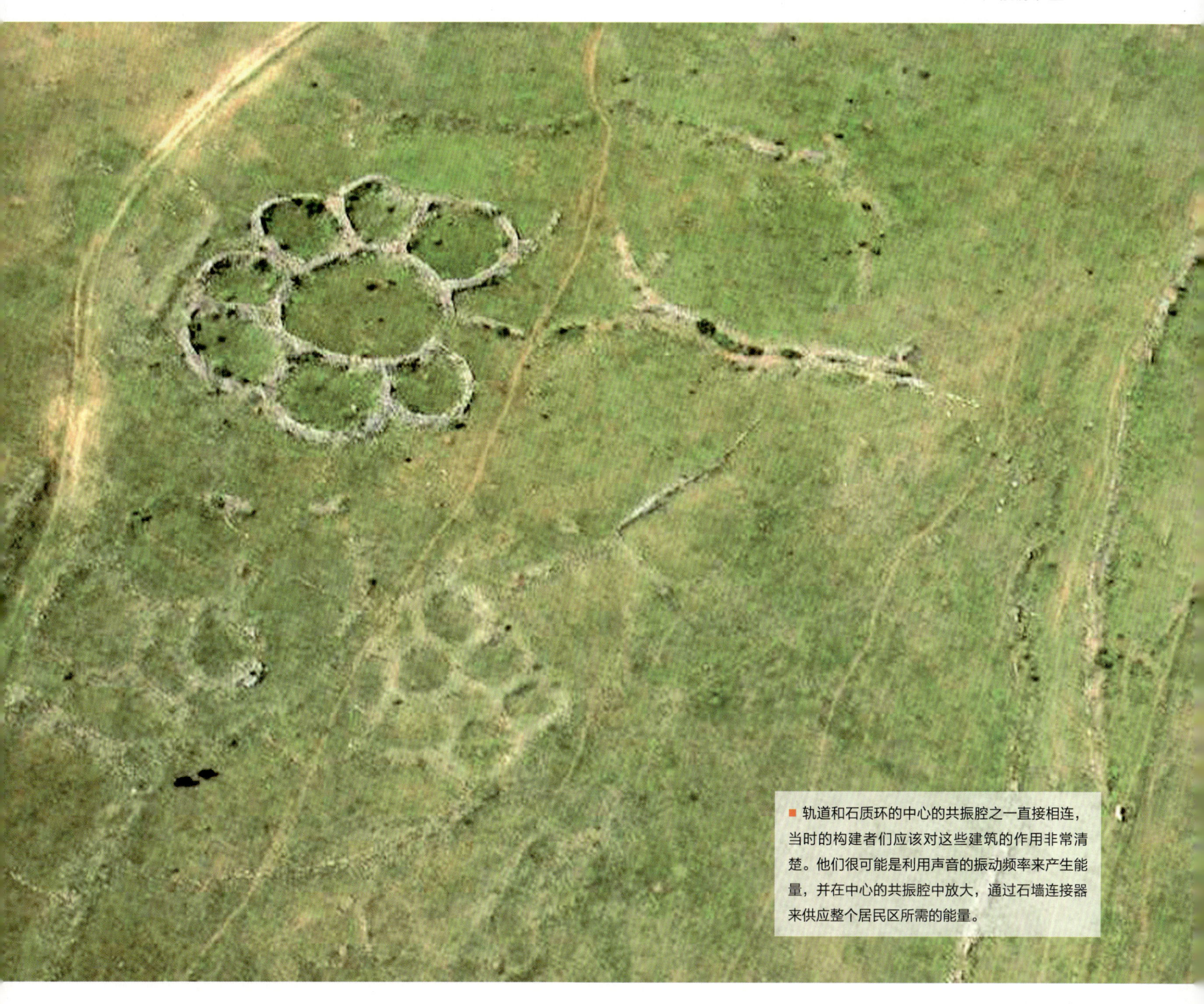

■ 轨道和石质环的中心的共振腔之一直接相连，当时的构建者们应该对这些建筑的作用非常清楚。他们很可能是利用声音的振动频率来产生能量，并在中心的共振腔中放大，通过石墙连接器来供应整个居民区所需的能量。

的细节。这本书研究了上百个来自全球各地的古代遗址和石质结构。他提出这些结构并非简单地用来作为记录某天日升而立的标记。不过他的研究并未包含南非的石质遗迹，这是因为南非的这些石头代表了地球上所有遗失文明中的最神秘部分，且它们也是最近才被人们发现和重视，之前人们一直将其理解为古人牲畜栏。"能量产生"是目前条件下，对这些遗迹最具科学性的解释。

130　▪　17 遗迹之形是能源装置

■ 同心环在共振腔中是用来放大声音频率的，它们用来做共振腔的扩展。

17 遗迹之形是能源装置 • 131

■ 石质环形结构由共振腔和墙来产生并增强能量，而后通过轨道传输出去应用到其他领域。图为众多类似例子之一。

■ 这是在赫达赫特大坝（Nooitgedacht Dam）附近的石质遗迹的考古草案图。它们组成了共振腔，然后用来产生能量。其中一些结构更加先进，由三个同心环组成，用以产生更大规模的能量。那些道路我们可以将其看作为连接能量设备与居民区的"电线"，通过这些"电线"，能量将被引入到居民区。

18 人口之谜

■ 这些石质环遍布在一个辽阔的区域中，要完成这样规模的建造，必须拥有一个庞大的人力资源以提供对这些建筑物建造和维护的支撑。

在南非，这些石质居民区、梯田遗迹、古代道路分布广阔，其覆盖范围超过几十万平方公里。这引发了诸多疑问：有多少人曾经居住在此？他们竟需要如此辽阔、延展的居民区？

当我们检查过去1 000年的南非的人口模型（现今的认知）时，发现这个模型毫无意义。现今的人口统计是：1900年的南非战争期间估测的南非黑人人口数量是8万人，而南非总人口的估测数量不超过100万；在19世纪的莱索托王国（the Kingdom of Lesotho）建立期间，巴索托人（Basotho）的估测数量大概是2万人。

按照目前的理论，在某个时期，来自非洲东北部的移民部落的一小部分团体迁移到了南非。但这个团体不会超过300人。这些定居者尽管建造了永久居住点，但他们仍过着游猎者的生活方式。在野生动物、恶劣天气、其他敌对部落的威胁下，他们不得不时常迁移自己的定居点以维系生存。而实际上我们现今看见的这些石质环也并非他们所建造，以他们的人力也无法完成这样的如此巨大规模的道路及建筑设施的建造。

南非在1900-2000年间，人口从100万增长到4 500万。在这100年时间里，南非的人口生长系数为45。这意味着，在1900年的人口是2000年的2.22%。考虑到"精确人口统计"并不存在，让我们使用一个简单的"外推法"来得到一些实际的数字。为便于讨论，我们特地作出较大让步——假设南非的人口下降系数小于45。再让我们假设每100年的人口以系数70下降。下表显示了在过去的1 000年中，南非人口模型的结果。

很明显，这个表格得出的数据存在问题。因为历史上总有一段时间，人口数量会趋于稳定而不再持续增长。那些定居者的生存率很低，但他们能够通过持续繁衍而避免遭到灭绝。这个演示的目的达到了，它说明了我们不能依靠这样单纯的计算来推断过往的人口数

年	人口
2000	4 500万
1900	100万
1800	30万
1700	9万
1600	2.7万
1500	8 100
1400	2 430
1300	729
1200	219
1100	66
1000	20

量，而我们现今对人口数量的统计还在一定程度上依赖于人口系数的推算。这也反向说明了，在这里的土著和原始居民的人口数量在数千年之间都保持稳定的数目，而这个数目至今不被我们的学者所认知。那些洞穴艺术和岩石艺术，包括了绘画、串珠、岩画都要归功于他们。因为没有一个石质构造是属于桑族人或是科伊族人的，它们应该是来自北方的定居者所留下的。

对于任何脑袋清晰的人来说，很明显那些遍布于南非各地数以百万计的石质结构不可能简单地归为这些从北而来的移居者们所建，也不可能是少数的那些游猎者，虽然他们曾经居住于此。这驱使我们去寻找新的答案，而不能再被过去的看法蒙蔽了双眼。

我们当中，有些人容易被传统文化所禁锢，以及被我们祖先的不可动摇的信仰观念所驱使；有些人则习惯于一味纠正过往的观点，并不关心这些观点的真实对错。无论我们对个人自由、政治、历史持有什么样的看法，南非的真实古代史都值得被彻底地透彻地研究。从第 11 世纪到第 18 世纪，南非都没有足够的人口可以建造这些我们今天观察到的环形遗迹，以及那些围绕它们而建立的基础设施。

苏美尔文明是地球上首次出现的文明，我们不应对此感到惊讶。它给我们留下了一条非常清晰的线索——关于地球上的数千年前究竟发生了什么——远超于我们任何人的想象。

19 从石器时代到铁器时代

■ 我们在林业施工道路上行走就像是行走在考古挖掘现场。在这些道路上，布满了上千的石器和光怪陆离的物体。这是我们在路上拍摄的一张照片，几乎每块石头都呈现出了在某个历史阶段被损坏的证据。林业卡车从这些珍稀的石器和艺术品上驶过，完全没有意识到它们在历史学上的重要性。

南非此前从不提供有关古代文明的惊人证据。直到2009年8月，开普敦大学（University of Cape Town）的博士凯尔·布朗（Kyle Brown）才宣布了一项他在西开普省（Western Cape Province）的平纳克尔角遗址（Pinnacle Point）的新发现。以下是这篇文字的部分文字摘录，这篇文章随后在《科学》（Science）杂志上发表：

> 对火的使用和控制是人类进化史上的一个具有突破性的适应。首先，它提供了光和热，之后可以起到改变金属特性使之应用到陶瓷和金属产品中。我对多个遗址的石器进行分析后，发现这些石质材料是用火来合成的，火使它们变得更薄。据可靠记录，火处理方式作为主要方式应用于硅质工具的生产大约是在7.2万年前，而南非南部海岸的平纳克尔角遗址则最早出现在了16.4万年前。火处理方式的应用需要具备对配套的成熟的消防知识和高级科学的认知能力，而且它和"象征性"行为的大量证据出现在了差不多相同的时间点。

这个重要的信息对我们的发现具有帮助作用。我们发现盛行于南非的那个古代文明是一个受管制的群落。我们在探索古代石质遗迹的过程中发现的那些数目庞大的奇特石器，就是这点的有力论据，因为只有在有组织的管制下才可以实现这样规模化的建筑过程。根据凯尔·布朗博士的描述，石器是在火的帮助下打造而成，这应该是南非的第一批子民习以为常的日常事务之一。可是，我鉴定的那些石器和艺术品均是由角岩石材制造而成，角岩在接触到火的时候会被分割或破裂成碎片。因此，我们和凯尔·布朗博士谈论的遗迹并非发生在一个时间点上。这些环形结构的建造者们，实际上并未使用火来打造他们的工具。他们一定有着一种更加先进的技术和能源利用知识，可以不通过加热而打造这些工具。

1997年，在赫达赫特大坝周围的区域处，曾有一个调查小组开展了一个详细的考古调查。他们在这里做了63个石质结构的记录和草绘。调查小组在对这些结构进行归类时需要记录和克服诸多困难，甚至还要记录每一个结构的GPS位置。调查报告明确指出，基于在这个地区发现的石质结构的数量，这个地方被用来供于人们居住的时间甚至超过20万年。在这期间最重要的具有较高研究价值的可以被追溯到大约4万年前的石器时代晚期。很多人认为这些建筑归功于桑族人，因为其中有部分岩石艺术确与他们相关。

研究人员随后对诸多环形石质结构进行阐述，他们的调查工作包括了精确地测量并绘制草图。然后——无缘由地——他们声称这些结构是由铁器时代的人们所建造。他们随后用一个单一石刻草图进行了报告，仿佛它可以代表所有的环形石质结构。出于某些不为人知的缘由，他们只对该地区的18个雕刻进行了报告。

看到那份考古报告时，我想到的第一件事是，"无论是现代学者的草图还是古代版画，都没有展现出那些石质结构有任何入口"。然而，一些学者仍然继续坚持这些都是住宅。试问住宅没有入口，如何进出？我、约翰·海涅、保罗·范·尼尔克和一个当地农民，再次造访了这块区域。我们在当地另一个农民特尼斯·涅吾（Theunis Niewoudt）和他的儿子本（Ben）的陪同下，拍摄了100张这里的岩石雕刻和岩画，其中大多是散落在草原上的环形石质结构。

　　令人关注的是，这个报告完全没有提及"这些结构没有入口"这一至关重要的信息。我无法理解这样奇怪的现象，竟然没有引得考古学家们的注意并蜂拥而至地破解这个谜团。相反的是，这个问题一直得到的是一些荒谬的答案。

　　专家们试图通过吐出几个类似"铁器时代"和"石器时代"这样一些令人困惑的考古学词语以使人觉得印象深刻且便于接受。如果以后还有人用"铁器时代"来引起你的注意力，我建议你反问对方，"你说的是哪个铁器时代？"

　　有关铁器时代的问题是——它在地球上不同的地方出现的时间具有较大差异。在近东和欧洲地区，铁器时代开始于公元前 1500 年前后；在英国，铁器时代开始于公元前 1000 年前后；当我们将目光往南部移动到赞比西河时，铁器时代出现的时间则出现了稳定的倒退，对赞比西河出现铁器时代的最新估测是公元 0—100 年。"铁器时代早期"这个词语在南非地区应为公元 100—900 年。各种神秘的部落和文明【如说莱登堡文明（Lydenburg Culture）】都和这个时期相关。事实上，当前对于各种铁器时代的出现时间的推测，也出现了类似试图迫使数据来适应研究者的提出的理论的现象。这原则上有悖于真实历史的发现。

　　有时候，人们得出的调查和统计数据会出现与预期理论不相符的情况。根据《圣经》的描述，第一批人类，亚当、该隐、亚伯就使用了铁质工具，这也说明了早期的人类就深

■ 这是考古调查组公布的几幅他们绘制的石质结构的草图，他们认为这是铁器时代的人们的住宅图。我们可以从图上清晰地看出，这些住宅都具有一个统一的特点——没有入口。而一些学者对此持忽略态度，他们仍然坚持声称这就是住宅。这个形状符合我们有关生成声能的共振腔的理论。

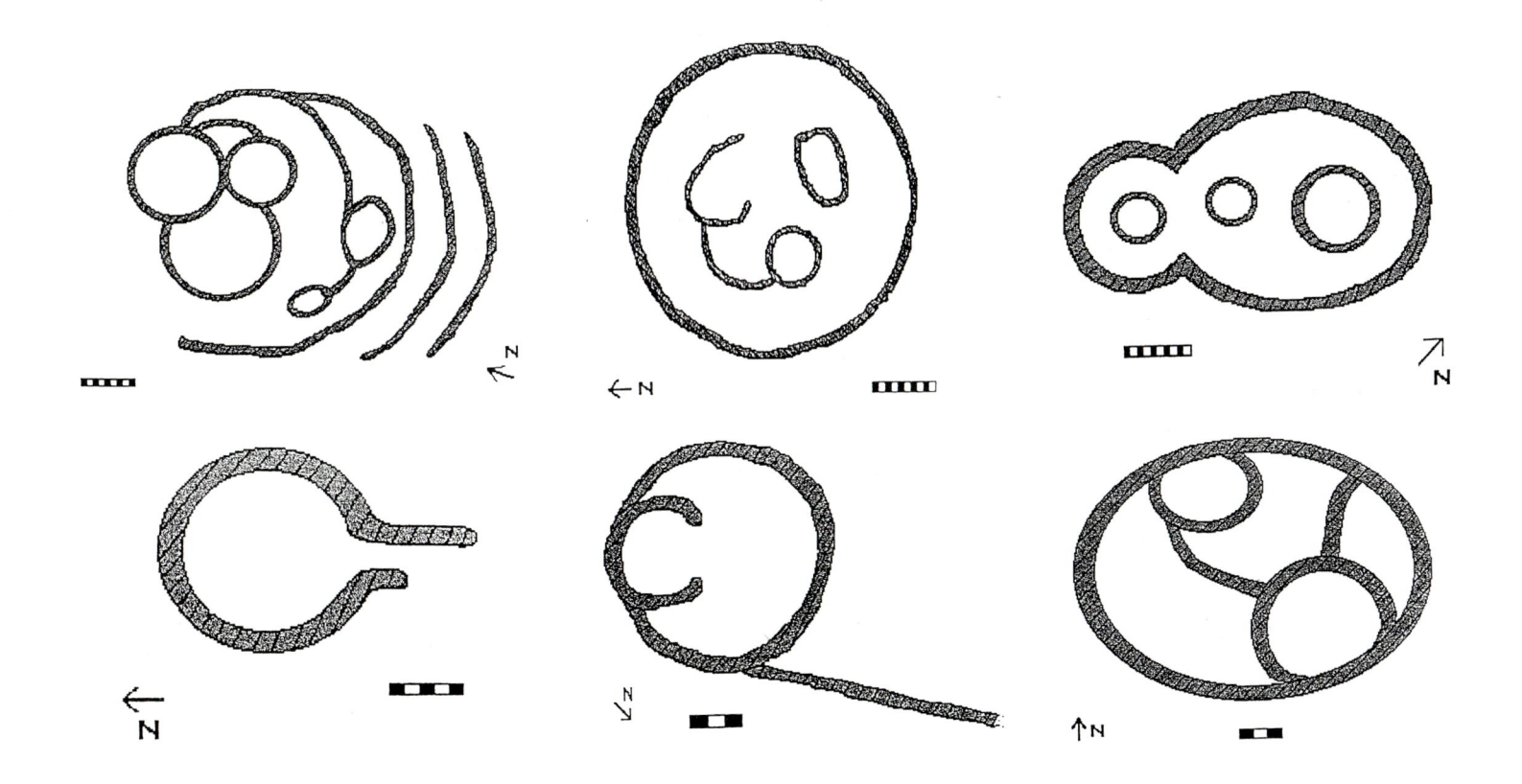

19 从石器时代到铁器时代

■ 一幅在南非的北卡罗来纳州附近的岩画，它展示出了一个奇怪的布局——圆环和点之间用线来连接。穿过刻印的裂纹是一个时代的证据，它证明了裂纹产生的时间远近于雕刻岩画的时间。我的立场就是艺术家不会在一个有裂纹的石头上进行雕刻，尤其是不会在裂纹处。从这个裂纹的腐蚀程度上看，裂纹的出现应该是在 5 万年前，这也是一个表明雕刻本身存在时间的历史证据。

知农业技术并使用了铁器。这就给青铜时代的定位造成了极大的困扰（考古界通过实证证明了青铜时代应早于铁器时代）。

在传统认知中，根据考古学的发现，青铜工具的首次使用出现在了公元前 2500 年—公元前 2000 年。这又引发了一个巨大的问题，因为第一个埃及金字塔的建造者并没有足够硬的金属可以用来在巨石上进行雕刻。然而，他们在当时拥有着大量的铜和黄金。

我们被告知，"所有的这些奇迹般的建筑都是借助铜质工具来完成的"。但事实上，我们非常清楚，铜和金都不可能用于石头的雕刻。而越来越明显的一点是，这些所谓的最初原始人类对黄金的渴望十分痴迷。其痴迷的程度远远超过了青铜和铁器等金属，虽然这些金属具有更高的硬度和更具普及的实用度。

19 从石器时代到铁器时代 ▪ 141

▪ 这是一幅来自 1997 年绘制的石刻的草图。草图中出现的黑色小点至今仍是难以破解之谜。曾有人提出一种理论，他们认为这些小堆的石头会对环形共振腔产生的共振声能的大小产生影响，通过这些小堆的石头，可以实现能量高低频率的调控。

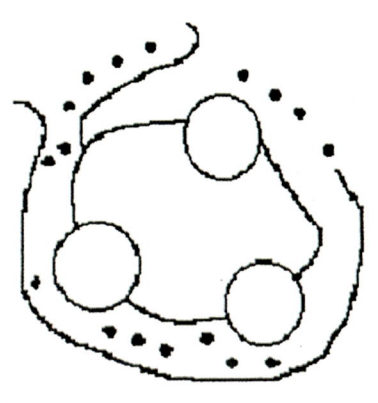

▪ 这是一组非常尖锐锋利的工具，它们是在南非的内尔斯普雷特（Nelspruit）以南约 10 公里处被发现的。它们的尖端符合用以雕刻岩画的工具的特性。当它们的尖端经过长久使用并出现损坏后会遭到丢弃。这些废弃工具上边的铜绿表明，它们已有 5 万年没有被好好地使用了。

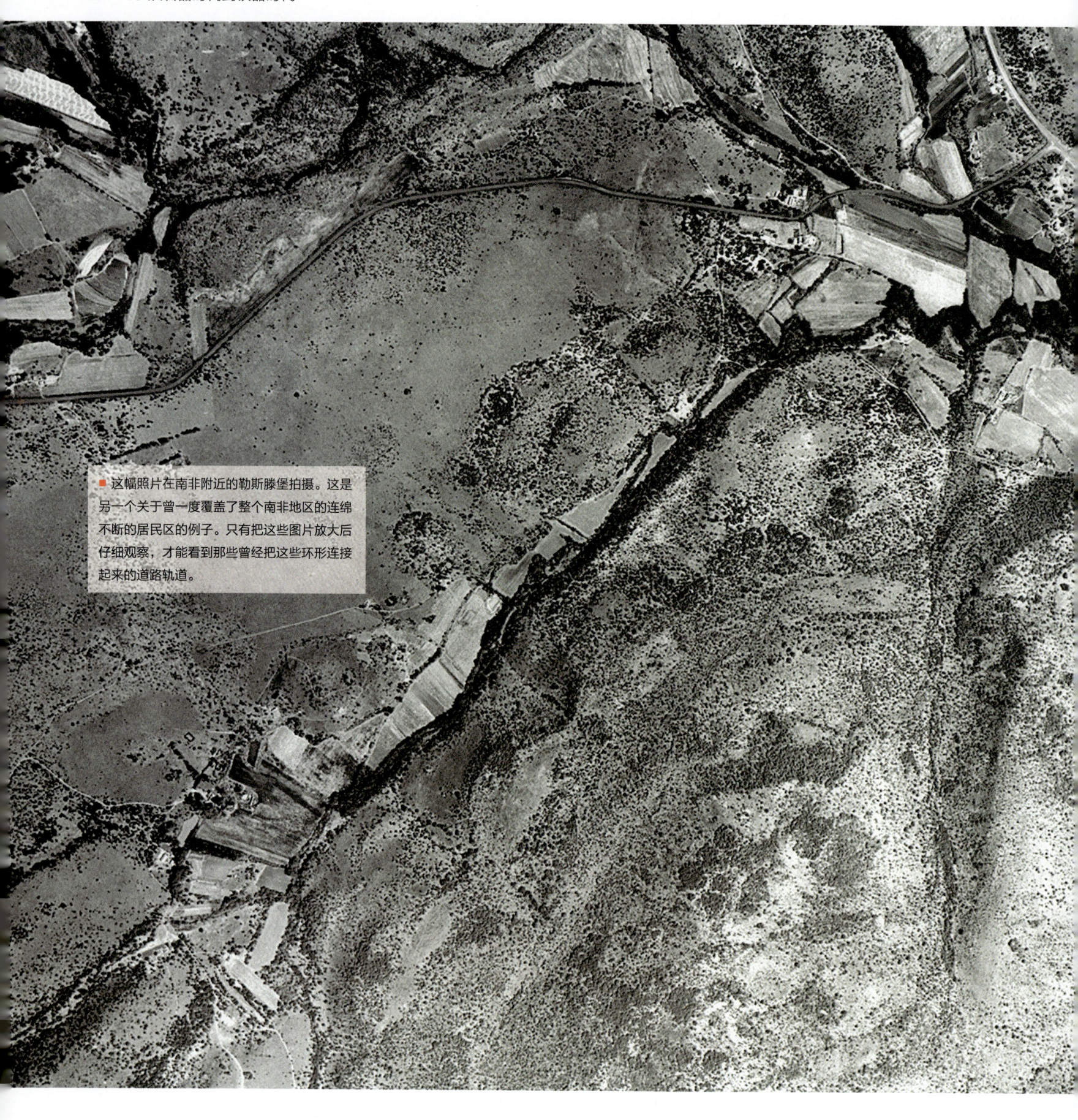

■ 这幅照片在南非附近的勒斯滕堡拍摄。这是另一个关于曾一度覆盖了整个南非地区的连绵不断的居民区的例子。只有把这些图片放大后仔细观察，才能看到那些曾经把这些环形连接起来的道路轨道。

这是我在英国历史书上找到的一段关于青铜和黄金的文字：

在新石器时代末期，约 4 000 年前（公元前 2000 年），有一些人来到了英国。这些人带来了生产和使用青铜的技术和知识。在这之前，人们唯一使用的金属是黄金，黄金对装饰品来说是一个绝佳选择，但它的硬度不够。而青铜则是一个在硬度上占有足够优势的金属，这意味一场工具和武器上的变革即将到来。

■ 在南非的瓦特法尔—波文的一个干裂的石墙的特殊例子。

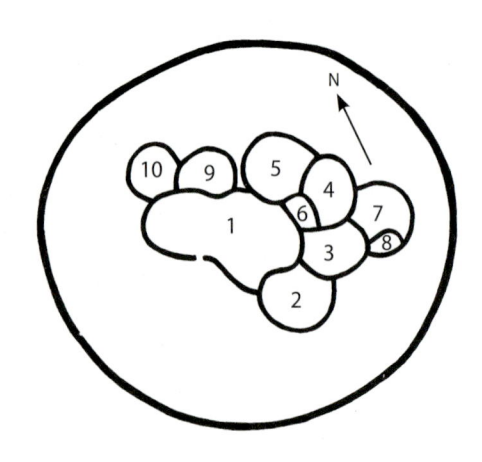

144 • 19 从石器时代到铁器时代

■ 这是 1939 年的一张关于巨型石质遗迹的考古学草图。左边的那个较大的圈出现了一个断点，我们从实地考察得知那个断点是被高速公路的建造而切断了。再次，那个神奇的谜团又出现了——在这个原始建筑中没有任何入口。

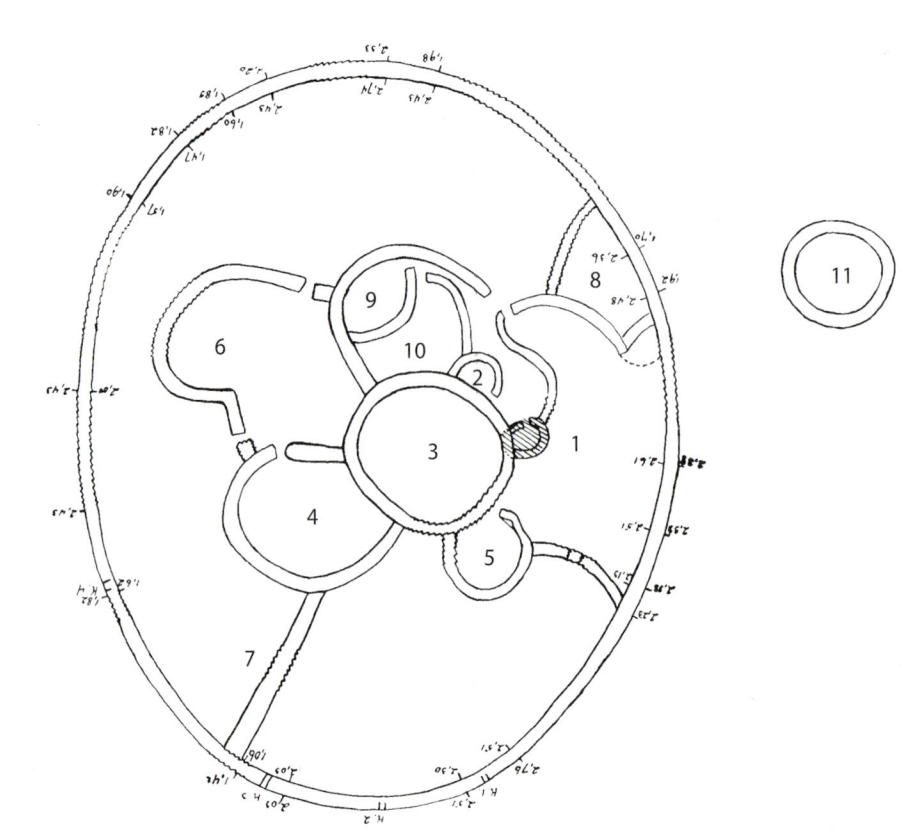

■ 这是一幅作者在空中拍摄的古遗址照片，与考古学草图极为相似。

■ 关于尖锐石质工具的几个例子。几乎在每一座遗迹中，都能找到一个类似形状的工具。

　　我们的老师始终认为黄金是用于装饰的。这是一个很无知的观点，只有那些没有接触过黄金真正特性的人才会得出这样的结论。事实上，黄金可以用于电子技术和医疗技术。所以，随着世界上所有的金子出现后的 1 000 年，铁才在英国出现。你看出其中凸显的问题了吗？根据我们对传统金属世界的认知，巨石阵（Stonehenge）就不可能建立在公元前 2 500 年以前，因为在那个时候，缺乏具有足够硬度的金属工具对这些石头进行雕刻。一旦你开始思考这个问题，你就会意识到在非洲南部的金属矿业或许存在一个更加早期的历史。

　　苏美尔泥板告诉我们，阿普斯的古人们在数千年前就已经挖掘出了各种矿物，比传统考古学预示的还要更加久远。我收集了许多奇特的石质工具，它们要么是用金属来雕刻的，要么就是用其他更加先进的技术来塑形的（比如声音和振动）。就像1888年柯丽（Keely）展示的那样。考古学评估表明了这些石质工具已有5万年的历史甚至更加古老。这就把一个问题摆在了现今的历史学家面前——因为按照现今我们对历史的认知，人类在5万年前不具备掌握金属制品作业的能力。

2004年的春天，爱丁堡地质学家网上登出一篇文章，这篇文章介绍了南非的古代采矿业。下面是这篇文章的摘录：

> 勘探工作于1957年在斯威士兰（Swaziland）的尼维亚（Ngwenya）群山上进行。他们估测这个地方大约有3 000万吨铁矿，其中铁含量平均达到了60%以上。斯威士兰铁矿石开发公司（The Swaziland Iron Ore Devplopment Corporation）决定开采这些矿体，并在1964年投入生产。这些矿石随后在铁路运输下到达了莫桑比克的马普托（Maputo）港，从这里用轮船运输到了日本。
>
> 在尼维亚矿井开采期间，他们发现了许多古代石器工具，这个消息传到在南非的考古学教授雷蒙德·达特（Professor Raymond Dart）耳里。达特派了他的经验丰富的同事阿德里安·布谢（Adrien Boshier）前往那个地区，去调查这些石器工具发现。令布谢震惊的是，这些专业的石质工具是用辉绿岩制成，而辉绿岩并不在当地出产，很明显是被早期矿工遗留下来的。这些砍刀、铁镐和石锤不仅出现在了地表，还有部分出现在了地表以下很深的区域。这些早期矿工似乎从一个特定的具有丰富赤铁矿的矿井运输了至少1 200吨的软赤铁矿至此，而这个矿井就是"狮穴"（Lion Cavern）。
>
> 问题就在于这些矿井有多久的历史了呢？考古学家皮特·博蒙特（Peter Beaumont）列出了一些证据，这些证据表明了这些矿井在石器时代末期、铁器时代就已经开始经营了。然而，我们还需要更有力的证据得出一个更加精确的时间。1967年，调查者从一些更加古老的硐室里得出的木结节送到耶鲁大学和格罗宁根（Groningen）大学进行碳14测试。检测结果令人震惊，得出的时间是41 000~43 000年之间。之后调查者又从另一个早期矿井中找到一个儿童骸骨，通过鉴定，该骸骨已存在了超过50 000年的时间。

也有部分考古学家和人类学家表示，依靠基于目前发现的这些工具的样式、神器和现存的人类遗迹，可以推断出这些古老的矿井存在的年代非常久远。他们认为这个时间已经超过了10万年。这个迹象很明显，铁矿石在南非的开采历史已经超过了10万年。但这个信息被历史书掩埋了起来，难道是因为这个信息不符合人类进化的主流观点？

1973年，《读者文摘》（Reader's Digest）发表了一篇文章，详细地描述了有关南非的古老矿井。这是该文的部分摘录，以此来加强大家对古老矿井的认识。

■ 在斯威士兰的尼维亚矿井。

19 从石器时代到铁器时代

■ 作者在尼维亚矿井最古老的地方——狮穴。这是世界上公认的最古老的矿井，时间可以追溯到 10 万年前。

博蒙特和布谢一起忙于探索这些遗址。在长达 18 个月的时间里，这些年轻的研究者们探寻了 10 个矿井，其中一些矿井甚至深达 45 英尺（13.7 米）。他们在矿井中发现了被称为赤铁矿的鲜红色矿石，随后发现了大量石器时代的丰富的沉积物。包括数以千计的砍刀、镐、锤子、楔和凿子，它们都有着使用已久的擦痕。从考古学和地质学证据来看，它们的储存年代应该在 7 万～8 万年以前。

基于已经发现了矿井的缘故，布谢和博蒙特开始寻找曾经在这里作业过的那些矿工们。也正是这个寻找使他们开始了边界山洞（Border Cave）的挖掘工作。1934 年，

科学家就在这个山洞中发现了人类颅骨和其他骨骼化石的不同碎片,其中包括了在一个石器时代中期地层中的一个浅墓穴里发现的婴儿残骸。但当时"放射性碳测定年代技术"还未问世,因此这些化石并没有引起科学家们多大的兴趣。在布谢和博蒙特开展他们的挖掘工作之时,也就是1970年的12月,这个洞穴依旧保持着30多年前的原状。在50天的持续工作里,在供给和费用花完之前,他们发现了30万件文物和烧焦的动物骨骸,其中许多是已经灭绝了的生物。根据对其碳元素的测试,他们发现这比在地层中发现的婴儿骷髅还要更加久远,它已经被证明超过了碳测定年代技术的检测期限,也就是大概5万年左右。这样看来,这处遗迹存在的时间应超过了5万年,至于到底超过了多少目前尚无办法进行科学证实。石器和赭石在基岩的正下方,大约距离地面9英尺(2.74米)的位置,从考古学上粗略推断,这个洞穴应存在了10万年以上。"事实上,我们找到的这些东西的年龄要比书本上告诉我们的年龄老上3倍。"布谢说道。

人们普遍认为,在石器时代的早期和中期,这些环形石质结构还未被建造。这是一

■ 岩石上的一个完好的凿孔。许多这样的孔洞中都显示出有金属残留在它们的边沿上,就像它们曾经是用来作为熔化金属的坩埚一样。

种错误的认知。如果主流考古学家们花时间去考察梅尔维尔·考比（Melville Koppies）或者约翰内斯堡那些知名的遗址，他们就会惊讶地发现那些遗迹最初是被石器时代定居者所建造的。我在一个古代环形石质遗迹里发现了石器时代的工具，这里是一个更大些的石质居民区的一部分。更让人难以置信的是，我在这些石质遗迹中找到的石斧，且这具石斧已被鉴定有20万~40万年之间的历史。在该地区，我还发现了泥屋墙的废墟，而这个废墟的存在时间不会超过300年。这表面了文明是如何建立在其他文明之上的，有的文明是在之前的文明上进行的再发展与再建筑。在这个特别的遗址处，我们随处可见人类几十万年以来连续不断的居住证据。在勒斯滕堡附近的石质遗迹被估测有1.8万年左右的历史，这里曾经有着丰富的农业发展，还可能存在一种已经灭绝的家畜——肥尾羊（fat-tailed sheep）。同样的结论也可以用在瓦特法尔—波文的遗迹上，这里的石器时代工具被测定超过了20万年历史。

同样是在《读者文摘》的那篇文章中，布谢和博蒙特继续着他们的工作：

> 早在10万年前，人类对新事物产生的好奇心就超越了他们对生存的需求。他们开始质疑人类存在的目的和人类命运的本质，他们开始去寻找人类历史起因。这就是智力的诞生和崛起的原因……这也许就发生在"哲学家们开始全面思考这些发现的意义"的不久之前……从现在掌握的证据来说，很明显，现代人在地球上的真实进化史要远远早于我们当下的认知。真实的人类起源、文明起源之谜，很可能正埋藏在非洲的某个尚未见天日的洞穴中。

所以，这么久以来，这里都发生了什么？是什么让这里的人们数十万年来不辞劳苦而又乐此不疲？——金子！

19 从石器时代到铁器时代 ▪ 151

▪ 在一块岩石上的一个大腔中，被掏空部分的边沿残留着明显的金属作业后的残留痕迹。我已发现了好几处这样的例子。

152 · 19 从石器时代到铁器时代

■ 在南非的科斯特（Koster）附近的一个石质环形遗迹中发现的奇怪石器。

■ 在瓦特法尔—波文附近的梯田上找到的一个奇怪的工具，粗步估测其存在时间已超过 5 万年。

■ 这是目前为止，我找到的磨石中最大的一个。它大约有 1.5 米长，1 米宽。这个磨石的腐蚀程度表明它的年龄没有超过 10 万年。

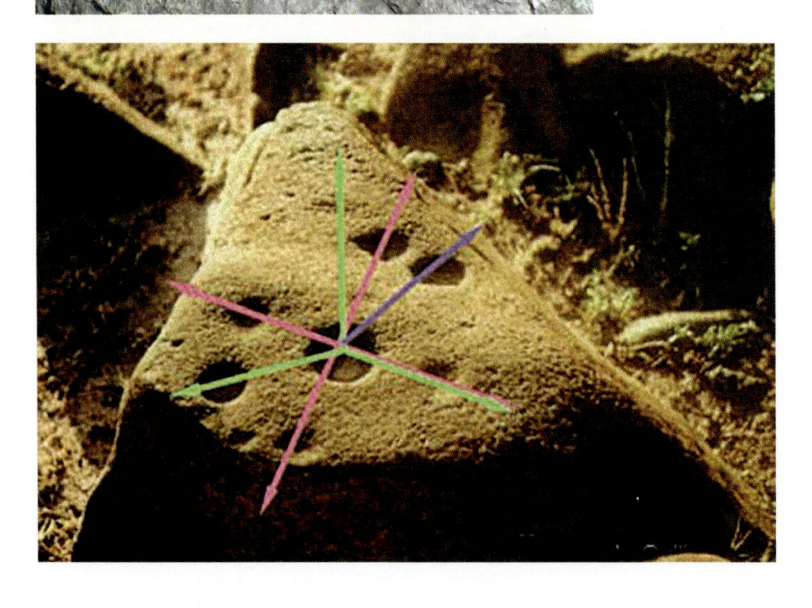

■ 在一个扁平的三角形岩石上凿着一些洞。皮特·瓦格纳教授认为这并非一些随机的孔洞，它具有类似日晷的功能。此图为《石头之魂》（Spirit of the Stones）的作者布伦达·苏利文（Brenda Sullivan）所摄。

20 寻找黄金

■ 作者造访过的众多古老金矿之一。这一座是在南非的莱登堡附近。

当费尔南德斯（前文提到过的葡萄牙探险家）在公元 1510 年离开莫桑比克的索法拉港口时，他的目标非常明确——找到传说中的诺莫塔帕帝国的国王和黄金大陆。黄金的存在并非虚构的理论：我在马吕斯·布里茨（Marius Brit）的陪同下拜访过很多黄金矿井。马吕斯是莱登堡区域的那些遗址的一个研究者和探究者，他收集了大量图片对这一理论进行了证明。他对南非的这些遗址的认知程度非常深刻。当前的主流看法是，这些金矿的首次开发发生在 19 世纪 80 年代的淘金热期间。在这点上，我们持有与主流看法不同的观点。无论你在哪儿发现的老金矿，都无法避开在周围发现的古代石质环的废墟、梯田以及古老文明的迹象。即在主流观点认为的淘金热之前应该存在更加古老的人类在这里同样进行过开采黄金的活动。甚至存在这样一种可能性： 19 世纪后期的淘金者发现了古金矿且他们总能在古金矿的旁边找到石质环遗迹，随后，他们意识到哪里有石质环遗迹哪里就存在古金矿并按此思路进行了大量的二次开采。支撑我们论点的一个不错的论据是："这里的大部分矿井都在与山峰隔空相对，且均匀地分布在石质环遗迹附近——这并非传统认知上金矿普遍存在的区域。"

自费尔南德斯的时代以后，争夺非洲领土的殖民者几乎无一例外地将"黄金和其他珍稀金属矿产"的控制权作为其核心利益。我们现在也不清楚"南非的那些定居者是如何知道黄金的提炼技术的，并一直应用了千百年的时间"。在 1552 年，聪明的摩尔族人试图让津巴布韦的这些遗迹变得更加有意义，他们相信这些石质结构储存的年代"非常古老"，且它们的建造主要是为了对金矿保持掌控权和占有权。上千古老的金矿在过去几个世纪中都已被专家和媒体陆续报道，但我将为大家公布更多的"目前尚未被公布的"我的发现。

葡萄牙人赶往非洲寻找金矿并非历史上的首例。据资料，埃及法老拉美西斯一世（Egyptian pharaoh Rameses the Great）在公元前 1300 年就越过了非洲直达南端去寻找金矿，之后又航行穿越了南极洲。罗马皇帝安东尼·庇护（Antoninus Pius）在公元 138 年掌握了南非掘金运营的控制权。阿拉伯文字的记录显示，自公元 800 年后，阿拉伯商人在南非就有了贸易上的来往。别忘了印度的黄金商人，他们到南非去进行黄金交易的历史甚至可能追溯到公元前 2000 年。

如果苏美尔人对南非的古金矿的描述是准确的，那么这些金矿的历史就可以追溯到 28 万年前。我们知道所罗门大帝（King Solomon）曾拥有许多黄金，试想当他权倾朝野的时候，一定建立过较为成熟的黄金的开采渠道。所罗门存在的年代大概是公元前 1000 年前后，根据记录，他所积累的黄金数量比他之前的统治者高很多倍。《圣经》中提及的神秘的俄斐之地也是黄金的来源之地。在现代历史中，南非是世界上金矿最丰富的地区；在古代历史中，南非也是世界上金矿最丰富的地区，这在逻辑上具有其合理性。

西巴金矿是现今世界上金矿最丰富的地区。它与南非的普马兰加省的亚当历法只有几英里远的距离，这是否只是一个巧合？有些人可能会认为这个想法非常愚蠢，但当你在南非亲眼目睹了那些具有庞大数量的古代城市遗迹之后，我确信你会认为我们人类的历史远远超出你的想象。我们需要注意一个重要的信息，"俄斐"这个词最初来自古近东（文明的发源地，即今中东一带地区），它指向的就是非洲，后被写为"Afir"或是"Aphir"。在西巴金矿的右边区域，我们最新发现了三个古代金矿，其中之一可能超过了 100 米深。

■ 这是安东尼·庇护（Antoninus Pius）时代的罗马硬币。他从公元 138 年开始统治罗马，这枚硬币是西奥多·本茨在津巴布韦的穆塔雷（Mutare）附近的一个古金矿的 25 米深处挖掘而出。这意味着罗马人曾在这里开采黄金。

■ 这是在莱登堡附近发现的梯田遗迹，我们还在这里发现了至少有 8 个石质环遗迹。这些遗迹被土壤和草地所覆盖，它们被建在这座山的一小块土地上。它们的周围是数以百计的古代金矿，这些金矿在 19 世纪被后来的探矿者二次开发。当探矿者发现这些古代金矿与石质环遗迹存在的关联，他们就以此为依据不断搜选下一个金矿并占有它们。

■ 一些矿井已经被最后的矿工筑了防寨，以此来阻止拾荒者进入到他们的金矿里。但它们的实际作用并不大。

20 寻找黄金

■ 几个与山隔空相对的废弃矿井。

20 寻找黄金 · 157

■ 作者展示出了矿井通道的大小。要从这里把矿石运输出去并不是一个简单的事情。注意在他周围的矿石。

■ 另一个矿井的入口，深度未知。

20 寻找黄金

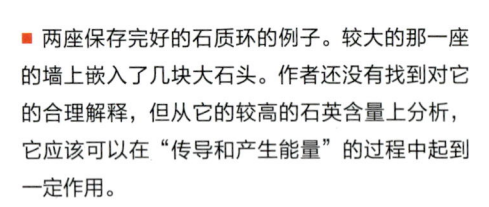

■ 两座保存完好的石质环的例子。较大的那一座的墙上嵌入了几块大石头。作者还没有找到对它的合理解释，但从它的较高的石英含量上分析，它应该可以在"传导和产生能量"的过程中起到一定作用。

20 寻找黄金 • 159

■ 19世纪的掘金热后，残留下来的建筑。

■ 这是一张矿井的入口图片，非常奇特，我们在图中可看到它充满了许多带有亮度的圆形物体以至于人们看不清黑暗的通道。

■ 两个关于那些古代金矿是垂直进入地底下的例子。这些洞都很深，深度甚至超过 100 米。我们无法找到关于这些矿井的相关记录，也不清楚它们为何被那些矿产控制者遗弃。非常巧合的是，它们也位于当今世界矿藏最丰富的西巴金矿附近。

20 寻找黄金 • 161

■ 这是一条横贯穿越石质环中心的道路的局部图。石层非常壮观——这里的石头展示了各样的奇特工具，甚至还有来自未知活动留下的灰烬。

■ 这是众多奇特工具之中的一个，被雨冲到与山相对的路上。

■ 路旁的一个5米高的地层，我们可以看见古巨石上的沉积物和石头的沉淀遗迹。

■ 作者蹲在一个深矿井的边沿，十分危险。

■ 矿井的一个快照。这个矿井的深度很可能超过了100米，垂直的通道下面也许还存在其他分支。

■ 造型怪异的石头零零散散地躺在矿井附近的石质环遗迹中。

20 寻找黄金 463

■ 约翰·海涅在检查一个金矿的入口，它位于南非的普马兰加省的一座高山上。

■ 作者指示一个石质环的墙的废墟，它是一个曾经的一个巨大居民区的一部分。这个居民区位于深矿井的附近。注意在背景中我们可以看见金字塔的明显轮廓。金字塔总是在金矿的附近出现，无论是古代还是现代，都遵循着这一特定的规律。

它们都位于一个完全被毁灭的石质居民区的右侧，这个居民区覆盖了整座山。

　　这几页的图片展示了这些矿井的入口到里面的通道是多么的窄小。无论在哪个年代，采矿都不是一个轻松的工作。在一个矿井的入口处的照片中，我们可以看见不少浅色的球形状的物体（只能在照片中看见），它们带着微弱的亮度仿佛在为黑暗的通道照明。这也许是因为这些球形物体可以产生非物质能量，且它们具有各自不同的大小。有些人认为它们是脱离肉体的灵魂，著名的神学家和学者麦西尔·莱威思（Miceal Ledwith）对这些球形物体展开了大量的研究工作，并对其实际能量进行了数值测定。数码相机能将它们记录下来，是因为它们的能量能被光谱中的红外和紫外部分所检测到。大多数人并不能在肉眼直视条件下看到这些球体。这些球体是否是那些死去的矿工的灵魂，或者是一种我们尚未知晓的能量物质？这有待进一步的科学论证和发现。

21　苏美尔泥板

费伊·莱姆（Faye Flam）在 2002 年 7 月 24 日书写了一篇文章，下面这段文字即《费城问询报》（Philadelphia Inquirer）对该文章的部分摘录：

> 人们相信，苏美尔人是人类历史上第一个文明的开创者，他们建造了第一个足以称为城市的居民区。他们发明了文字并在此后的一段时间持续着书写创作，他们在上百万的泥板上写满了他们那些错综复杂的字符。他们留下了很多文字证据，内容涉及宗教、诗歌、其他手迹。这些证据大部分被保留到 5 000 年后……苏美尔人定居在美索不达米亚的一个位于底格里斯河（Tigris）和幼发拉底河（Euphrates）之间的区域。现今这里属于伊拉克的一部分。在公元前 3500 年前后，他们成为了地球上的第一个人类种族。他们会使用复杂的数学公式，会使用文字来记录他们的想法。他们在公元前 3 000~公元前 2 000 年留下了大部分的文字作品。在之后的 1 000 年，他们逐渐融入了巴比伦（Babylonian）文明，苏美尔人的文学、天文学和数学上的成就在这段时期内得到了可持续性的发展。

我要提醒那些专注于宗教文学研究的学者们，我们在《圣经》中读到的大部分故事，在最近出土的大量"苏美尔泥板"中都可以找到相应的有文字记录的证据，这是否意味着《圣经》的起源。在过去的 150 年，这些"苏美尔泥板"已被前赴后继的学者们渐渐破译。现今，世界上已有一些大学开设了"苏美尔语翻译"的课程，并使用先进的电脑程序来扫描和翻译这些泥板上的文字。然而，在过去的 40 年间，逐渐被破译的文字让我们对以前的人类历史观的认识产生了动摇。不少学者已经接受了这一观点，即我们今天的诸多认知都是从苏美尔人那里继承下来的：车轮、写作、医学、天文、建筑、农业、几何、数学、法律，甚至更多文化。智慧的苏美尔人首先开发和应用了这些学科，正如"人类起源和神话"一章所讨论那样，这个早期文明，也有他们自己的神殿和神明。这些神明统治着他们的生活，施行着奖惩制度，这就是最开始的三位一体模式——由神明阿努、恩利尔和恩基组成。

苏美尔人建造了令人瞩目的神庙来供奉这些神明。值得注意的是，这是有文字记录的人类历史中的第一批神明，苏美尔泥板上的文字记录了这些神明极度痴迷于黄金。他们明确指出这个星球上所有的黄金都属于他们。这个信息之后传递到了西班牙侵略者那里，他们开始恐吓那些美洲的土著人（印第安人）。西班牙人开始着手囤积大量的金子、黄金工艺品，并控制拥有金矿的城市。美洲的土著人（印第安人）毫不含糊地告诉他们："所有的金子都属于神"。

就像费伊的文章里提到的，苏美尔人将他们的生活细节详细又完整地记录在泥板上。他们记录了所有的事情：第一个日历、诗歌、食谱、法院诉讼、音乐，以及他们的历史和他们的起源（甚至包括了地球和太阳系的诞生）。这记录在一组叫"洪荒世界"（Enuma

■ 这是奥斯陆（Oslo）博物馆中陈列的编号为"MS 2855"的藏品。这是该陈列馆仅存的六块泥板之一，它上面的文字记录了大洪水之前的国王名、城市名和统治时间。其他泥板中的两块也给出了同样的信息，但剩下的泥板记录的信息则与之有点出入，目前尚不清楚它的真实情况。这泥板上的译文如下：

在大洪水之前的国王和城市的名单如下：
· 埃里都（Eridu）为王权之都，阿鲁利姆（Alulim）统治了 28 800 年、阿拉加尔（Elalgar）统治了 43 200 年；
· 埃里都遭到废弃后，巴德·提比拉（Bad-Tibira）古城成为王权之都，恩门路安纳（Ammilu'anna）统治了 36 000 年、恩门加安纳（Enmegalanna）统治了 28 800 年、杜穆斯统治了 28 800 年；
· 巴德·提比拉古城遭到废弃后，拉勒克（Larak）成为王权之都，恩斯帕兹安纳（Ensipazianna）统治了 13 800 年；
· 拉勒克遭到废弃后，西巴尔（Shippar）成为王权之都，恩麦杜兰基（Meduranki）统治了 7 200 年；
· 西巴尔遭到废弃后，苏鲁巴克（Shuruppak）成为王权之都，乌巴图图（Ubartutu）统治了 36 000 年。
至此，总共历经了 8 个国王，222 600 个统治年。

Elish）或是"传世史诗"（Epic of Creation）的泥板中。苏美尔人详细阐述了人类是如何被创造，然后神明们是如何以自身的样子为模板制造了他们，他们生存的意义就是为神明寻找金矿充当劳力。他们还提到了他们的主人——恩基，也即金矿开采的掌权者。他在阿普斯选好了他的领域并建造了一个雄伟的城堡，其所在之地就是今天的津巴布韦。

下面这段话是在撒迦利亚·西琴（Zecharia Sitchin）撰写的《恩基的失落之书》（Lost Book of Enki）中的部分摘录，它与之前大津巴布韦的遗迹的描述极为吻合，这是众多的提及"古代掘金活动"和"现代人类的宿命"的苏美尔译文之一。

"大河湍流不息。恩基在流水之旁建造了属于他自己的住所。"他给自己的房子和其他工人的住所建造了一个堡垒，而且是"进入地球内核的地方"……他决心让英雄们进入到地球内核，在地球的深处提炼黄金。

这些古代石质遗迹是否就是那些早期采矿工人的居住地呢？那个位于南非普马兰加省的古老的亚当历法，是否就是这块区域的核心之处呢？而那些更加精致和令人瞩目的遗迹，比如大津巴布韦，是否就是掌控着掘金权的古代神明的堡垒废墟呢？通过我前面的介绍，我相信读者已不会再像第一次接触这些理论时那么惊讶了。

我们需要对苏美尔泥板的可信度建立一个等级，以确定其值得我们相信。现实中，上千学者不遗余力地认同苏美尔文明，但仅限于部分信息的认同。泥板上记录的部分信息，甚至在今天的人们的日常生活中也在沿用，这是学者们极力认同的。学者们选择性地接受了泥板中有利自身的内容，这引起了我的深思。一方面我们被告知苏美尔文明有多么地非同凡响、他们的科学是有多么地精细；另一方面，我们的历史学家完全无视那些写在同一块精细的苏美尔泥板上的那些有关我们人类起源、上帝、伊甸园、亚当和夏娃，还有许多我们在《圣经》上读到的内容，而《圣经》比苏美尔泥板出现的时间要晚 1 000 年。我非常迫切地希望知道"为何有些学者选择性地无视苏美尔人分享的信息：早期人类起源、人类居住地、他们为何要跑到世界的远端去寻求黄金。"老话重提，这并非是学者们的简单忽略，而是它们不符合学者们提出的有关人类历史的美好模型。

我们现今的大部分的西方历史都是基于犹太－基督教的基础发展而来，早期的历史学家们大多都是犹太－基督教信徒。虽然他们中的许多人曾承认过自己的言论存在欺瞒，但我们今天仍旧接受着他们的观点，并将其放进我们的历史书中。这致使我们当今的部分

■（左边）编号为"MS 3026"的泥板。这块泥板记述了苏美尔人留下的大洪水故事。其中提到了朱苏德拉（Ziusudra），也就是苏美尔版的诺亚（Noah）。泥板上记述了这次大洪水导致了世界毁灭。

■（右边）苏美尔国王名单泥板，最负盛名的苏美尔泥板之一。它陈列了大洪水发生前后的 149 个国王和统治者的名单。它强调了这些国王是什么时候被阿努纳奇人，也就是《圣经》中的拿非利人下放到地球上来的。这个名单还强调了《圣经》中的亚纳族（Anakim）在地球上的降临。它描述了恩利尔最小的儿子尼努尔塔（Ninurta）是如何毁灭索多玛（Sodom）和蛾摩拉（Gomorrah）的。这些事件都被详细地记录在另一个叫作"厄尔拉史诗"（Erra Epos）的泥板中。

认知也许是建立在虚假的事件基础之上。我们对部分历史事件的定性甚至是在 1 000 年之后，仔细思考下就能明白 1 000 年之后的人如何给 1 000 年之前的事件定性？且对 1 000 年之前发生的事情进行了详细、完整的说明，包括谁说了什么话、谁做了什么事……就像他们亲眼目睹了这些事件的全部经过。对于这些历史手稿，我想人们的人为加工的主观观点应该占据了较大成分。

"一个久负盛名的历史人物被过去的历史学家们劫持，时至今日，这个历史人物仍然留在一个后人杜撰的形象之中"，类似这样的例子比比皆是。《圣经》中就出现过这样的情况，我们可以通过《圣经》对亚伯拉罕（Abraham）的描述进行说明。"亚伯拉罕在他的神的引领下长途跋涉穿越了整个近东地区。他建立了一支强有力的军队（因为神给予了他先进的武器），因此他能够轻易地打败了那些规模数倍于他的敌军。他得到了大量的财富和神所赐予他的土地的统治权。其他的国王和统治者都惧怕亚伯拉罕，因为亚伯拉罕的神比他们的神更加强大。"事实上，《圣经》中对亚伯拉罕的这段故事的描述的可信度较低，亚伯拉罕的活动不具有逻辑上的合理性。

我们通过苏美尔泥板留下的证据可以得知：苏美尔人从他们的神那里得到了指示和信息，就像亚伯拉罕和摩西从他们的神那里得到了指示一样。它还提到了亚伯拉罕并非犹太人，他是苏美尔人，苏美尔历史中对他的相关信息的描写非常详尽。那么，谁是亚伯拉罕背后的神？谁又是其他苏美尔人背后的神？从破译的苏美尔泥板中可以得到答案，他们是同样的一群神明。在 2 500 年后的《圣经》对此也进行了差异化的提及。

回到 1925 年发表在《自然》（Nature）杂志上的一篇名为"印度支那 - 苏美尔图案的破译：探索印度河流域的苏美尔人（公元前 3100—公元前 2300 年）"的文章提出了"苏美尔人和印度河流域文明之间具有不可撼动的潜在联系"。

21 苏美尔泥板 ▪ 169

▪ 亚当历法中的两个主要历法之石的侧面观景图。更确切地说,这应该是恩基历法。注意看图片上岩石下部厚厚的青苔,那预示了这些岩石的年龄。

沃德尔上校（Col.Waddell）是苏美尔研究领域的权威，他时常对考古学家们不敢涉足的领域展开探寻。他对苏美尔泥板上的图案进行了研究并提出了解释：印度考古调查的负责人约翰·马歇尔爵士（Sir John Marshall）在印度河的摩亨·朱达罗（MohenjoDaro）和哈拉帕（Harappa）地区发现的遗迹与古苏美尔遗迹具有极大的相似性。

这是一个非常重要的信息，西里尔·霍姆尼克、布伦达·沙利文、科瑞多·穆特瓦等诸多学者一直进行着这方面的研究。他们对"苏美尔与印度河、埃及、南非之间的关系"进行了大量研究，并留下了很多相关细节的记录。我们取得的研究成就是有目共睹的，我们现在需要解决的问题是——南非出土的那些史前古器物和原始人石刻在时间的鉴定上为何比北半球的文明出现的时间要早上数千年。

22 非洲人—苏美尔人的联系

是否存在这样一种可能性，早期的非洲人信奉的就是苏美尔之神？根据科瑞多·穆特瓦的说法，这在人类历史上确有发生。2008年9月，我去往科瑞多的家，拜访了他和他的妻子维吉尼亚（Virginia）。我们花费了数日对人类起源问题进行了深入探讨，包括：人类浑浊的起源、南非的遗失文明、亚当历法的神圣遗址，还有许多非常奇幻的大部分人都会皱眉头的话题。在我们的交谈中，科瑞多将他发现的很多重大事件都一一对我进行了描述。

最重要的是，非洲南部的确是人类的发源地。科瑞多还指出，非洲南部是原始阿班图

■ 原始的苏美尔的飞翔圆盘。它的中心有一个十字形的符号放置其中，在圆环外有两条类似翅膀的线条。这个圆盘在近东和埃及地区演变为了不同的形式。

■ 飞翔圆盘的改编版，这个版本展现了在其环形中有更加先进的十字形。这个图像在很多苏美尔图案中都能看到，通常都会盘旋在主体之上。

■ 南非的一个飞翔圆盘的原始人石刻。这个石刻的年代鉴定早于所有非洲北部文明的出现，这说明了非洲北部文明并非最早的人类文明。

人的家乡，他们存在的时间远远超出当今人们的想象。当科瑞多谈到古代的祖鲁人（Zulu）或是非洲文化时间，他都会提到第一批子民（所有人类的祖先），还有最初的阿班图人，他们存在的时间比我们今天的认知要早远得多。

现代历史学家告诉我们，阿班图人在 2 000 年之前从非洲的西北部迁徙至非洲南部。然而，我们找到的证据显示，阿班图人的祖先们——原始人类——居住于此的时间远超上述。他们经历了地区上不同时期的灾难，他们跨越了超过 6 万年的时间。我们发现这些早期人类不仅有从非洲西北部迁往南部的经历，在更加久远以前，他们还有从非洲南部向北迁移的经历。引起他们向北迁移的原因主要是超级火山的爆发。苏门答腊岛（Sumatra）的托巴河（Lake Toba）火山喷涌而出，这个巨大的火山喷发事件直到最近才被科学家们发现，科学家们估测是风将大部分的灰尘和有害气体刮到了非洲的东部和南部，致使那里的人们被迫向北迁移。

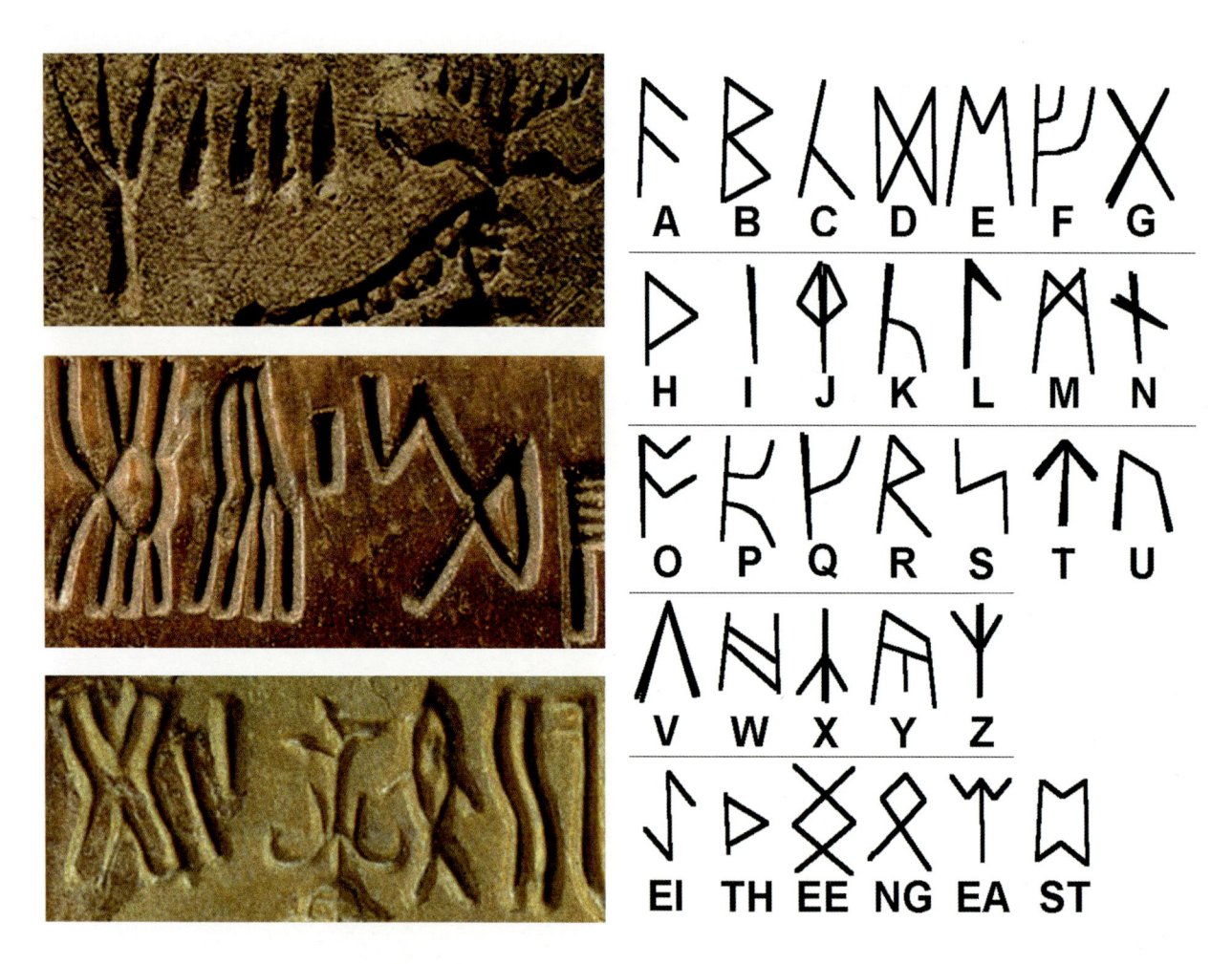

■ 印度河流域发现的一些遗迹，这些符号尚未被人类破译。我们在南非找到的石质遗迹上的符号与它们具有很多共性，但南非的原始石刻存在的年代则更为久远。

■ 盎格鲁－撒克逊（Anglo-Saxon）符文同样也能和南非石刻、印度河遗迹找到很多相似之处。

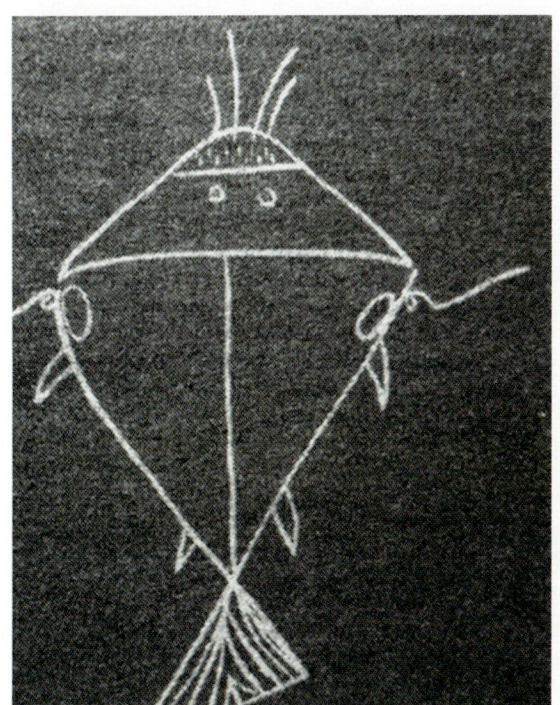

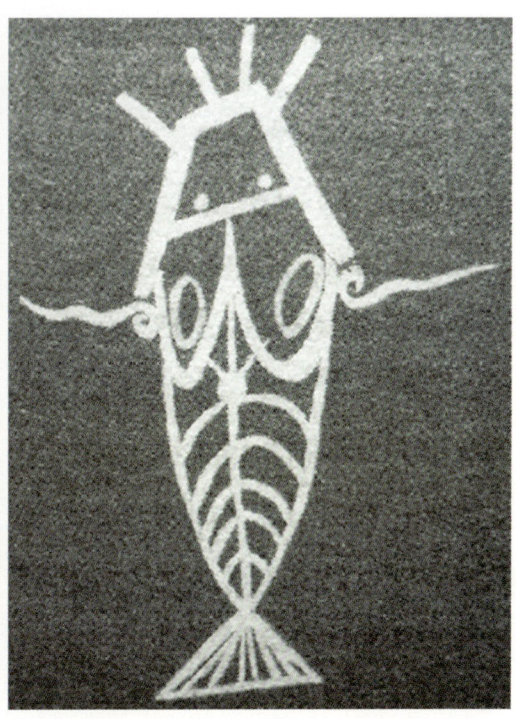

22 非洲人—苏美尔人的联系 · 173

■ 这个画面展示了一个多贡族（Dogon）绘图，意指一条跃水而出的鱼。这幅图表现的并非是简单的捕鱼行为，它蕴含着更深层的含义。

■ 印度河流域的一个图章，目前尚未被破译。这幅图与我们在南非发现的鱼的石刻图较为相似，这个图像同时被多贡人和印度人所使用。从年代上分析，南非的石刻更古老，通过裂纹的腐蚀程度判断，南非的石刻已存在了10万年以上的时间。

科学家们估计，这次火山喷发事件发生在 7.5 万～6.5 万年之前。其规模异常巨大，以至于促发了小型冰河时代。人类的第一个文明诞生地是南非，这里的文明得到了非常快的发展。不幸的是，火山喷发事件影响最为严重的区域也是南非，火山喷发事件造成了南非的第一批子民的出走，他们向北方迁移到世界各地。同时，大规模的迁移也将他们的传统和习俗，包括那些神圣的符号和意象传播到世界上的各个地区。这些人类早期的第一批子民，将他们那个时代的图案刻在了南非群山上的岩石表面。在火山喷发事件发生后，这些刻画的图案也传播到埃及和世界其他地区，如"有翅膀的飞翔圆盘"和"十字章"。他们带着先进的建筑学知识在世界各地进行石质建筑。我们在全世界范围内都找到了非常多的石质环形遗迹，即是他们当年的作品。我们无须对他们掌握的建筑学知识惊讶，对他们来说，这只是非常基础的知识，在他们分散到世界各地之前就已成熟地掌握并能科学地应用。

经历这次事件数千年之后，人们开始慢慢向南回到他们的起源地。但这时候的人也许并没有意识到这里就是他们的祖先之地、人类起源之地。

琳达·塔克（Linda Tucker）写了一本图书《太阳神之子》（*Children of the Sun God*）。书中涵盖了很多有趣的信息，这些信息是科瑞多告诉她的，她的书中也提到了人类第一批子民的居住地是南非，即非洲的最南端。

但是，谁才是最原始的阿班图人呢？他们的名字又从何而来？学者们在单词"班图"或"阿班图"的起源上争论不已。学者西里尔·霍姆尼克认为，这是从梵语中的单词"bandbu"演变而来，意为"兄弟、亲戚、男亲属"。事实上，这个问题没有标准答案，所有的言论都是学者们各自的猜测。大部分学者的猜测都具有片面性，他们在论证这个问题时并非将全部证据考虑其中。他们猜测的依据是什么？直到现在，人们都认为南非是一个充满了游猎者的贫瘠之土地，这些游猎者以某种形式幸存了数千年。没人能够猜出究竟有多少遗失之城被尘封于这里的地下，这些遗失之城由上百万的石质环结构组成，并由一个神秘的石墙围绕起来。

单词"Abantu"的词根是"ntu"。这个词根引起了学者界数十年的激烈讨论。地球上有两个地方大量出现了这个词根：非洲南部和东部文明、古代苏美尔文明。神学教授撒迦利亚·西琴一生贡献于"对苏美尔文明的研究"和"人类的晦涩起源"。西琴著的很多图书都提及了苏美尔神明的万神殿，并对它们彼此的关系进行了描述，同时对苏美尔神明如何掌控地球进行了详细分析。因此，我并不惊讶于科瑞多·穆特瓦在有关"Aba'ntu"名字的起源问题上的解释。

科瑞多描述了苏美尔神明们是如何拥有配偶的，她们的名字通常都会以这些男神的名字来组成。恩利尔的妻子是宁利尔（Ninlil）、恩基的妻子是宁基（Ninki）、苏美尔的至高神阿努的妻子则是阿努图（A'ntu）。所以，我们已经不满足于只知道古符号起源于南非，我们将开始探索这些古符号背后的意义。调查结果显示，这些古符号与苏美尔女神阿努图有着必然关联，阿努图作为古代神明之一，统治了近东地区长达数千年。这就是古代文明之间的关联。始于南非的第一批子民，他们非常尊崇一个叫阿努图的女神。我们惊讶地发现古代祖鲁文化和宗教，包括其他班图部落的文化和宗教，都直接和苏美尔人有关联。

科瑞多总结道,"Abantu"这个词是起源于苏美尔女神阿努图,而"Aba'ntu"则是"阿努图的孩子 / 子民"。阿努图是苏美尔的女神,她热爱阿普斯,即黄金来源之地。

23 原始人石刻

■ 这是在南非的金伯利（Kimberley）附近的德里科普斯埃兰德（Driekopseiland）的一块安山岩岩石的一小部分。在这块岩板上，有成千上万的字符，它们的覆盖面积大约有 3 000 平方米。这些未被破译的手迹，有着令人惊叹的形状和图案。这些图案的存在年代已相当久远。

178 ▪ 23 原始人石刻

下面这张原始石刻的图片相当于一封千言书。这些南非雕文展示了苏美尔文明与几何学知识、声能产生知识、计时知识以及天体星象之间的关系。这个石刻涉及了非常多的主题，甚至超过了我现在对它的解读。

■ 图中有一个带十字的方形图案，还有一个被分开了的椭圆形图案。这是在南非的卡罗来纳州附近发现的。

23 原始人石刻 179

■ 图中有一个带十字的环形图案和一个被分开了的椭圆形图案，发现于德里科普斯埃兰德。它意味着南非时间线上相隔甚远的几代古人都使用着相同的符号。这个分开的椭圆形代表了月亮女神，而十字环形则代表了光之主（Lord of Light）（出自沙利文和穆特瓦的《岩石之魂》）。

■ 图中的五个完全不一样的形状说明了这是一个有意识的书写手迹，它是目前我们所发现的最古老的手迹。它和我们在苏美尔及印度地区发现的手迹极为相似，不少学者甚至认为它极有可能是中文书写形式的前期雏形（发掘于德里科普斯埃兰德）。那个居左的五尖角星符号是一个象征王权的埃及符号，它与迦南的主神巴力（Baal）相关。

■ 在印度河手迹的图章中，我们可以看到一个环形中有一个明显的星星。类似地，苏美尔人也时常会使用圆环中有八尖角星星的图案，并用它们来代表地球上的神明。

■ 苏美尔的图章显示出了与南非的德里科普斯埃兰德（Driekopseiland）找到的雕刻具有相似的笔迹。

23 原始人石刻

■ 一个十字架被放置在六边形的框中，它的外层被一个同心圆环绕。它可以被看作为复杂的物理知识简图：六边形代表星辰四面体（四面体有六条边），中间的十字架代表声音频率，外层的同心圆则代表能量放大器。这是一种我们今天还无法掌控的能量知识。再次声明，它的腐蚀程度说明了它的极限年龄已超过了10万年。

■ 这是一个古代的博学家的作品。它描绘了一条呈现欧姆形状（Ω）的蛇，它被放置在一个五边形的框中。在蛇的顶部还有一颗星星。欧姆形状（Ω）一般用来描述音节，它通常被用来代表振动频率。蛇则在大多数古文明中被当做创造者。蛇上方的那个小点可能预示着天狼星或者其他跟创生有关的星星。这在古老的非洲文化中备受尊崇，我们在不少遗迹中都发现了类似形状的图案。

■ 一个来自希腊的古代硬币，它展现出了一个完全相同的蛇在同样的马蹄形形状中。这个蛇的形状反复出现绝非偶然，它展示了当时的人们对声音和振动频率的领悟。

23 原始人石刻 · 181

■ 南非北部林波波省（Limpopo）的一个洞穴中发现的雕刻品。它上面的十字形图章与苏美尔图章极为类似。

182 23 原始人石刻

- 在南非的莱登堡附近找到的原始人石刻。注意看它上面的排列规律的孔，它们很可能预示着恒星、行星、月亮的运行轨迹和规律，也可能是某种形式的历法。他们是如何钻出这些小孔的，至今也无法破解。

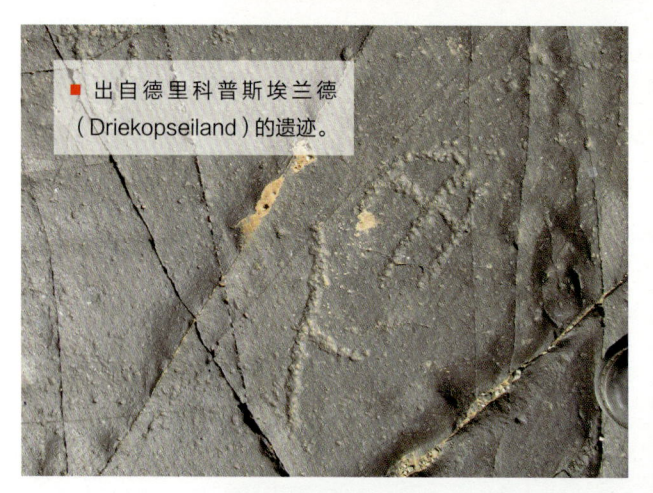

- 出自德里科普斯埃兰德（Driekopseiland）的遗迹。

- 在斯威士兰边境出土的遗迹。

- 拉姆达（Lambda）符号散落分布在南非各地的岩石上，这和我们在印度河手迹中找到的符号完全相同。这个符号的含义尚未被破译，但他们出现的区域相隔甚远，预示着相隔甚远的地区之间一定存在某种我们尚未发现的暗藏着的联系。

23 原始人石刻 ▪ 183

▪ 在南非发现的一个犀牛雕刻。雕刻上的裂缝表明了它至少存在了 2 000 年以上。

▪ 我们在卡罗来纳州发现的环形结构的石刻。

184 · 23 原始人石刻

■ 像这样的波形符号图案预示它与水和生命相关。但它们也可以代表与频率相关的知识及其能源应用知识。

■ 出自不同地点的具有相同图像符号的两个典型例子。它们和多贡人用来表示"生命的种子"、"事物的萌芽"、"创生的图像"十分相似，不完整的环形和从中产生的能量射线都对此进行了说明。

23 原始人石刻 ▪ 185

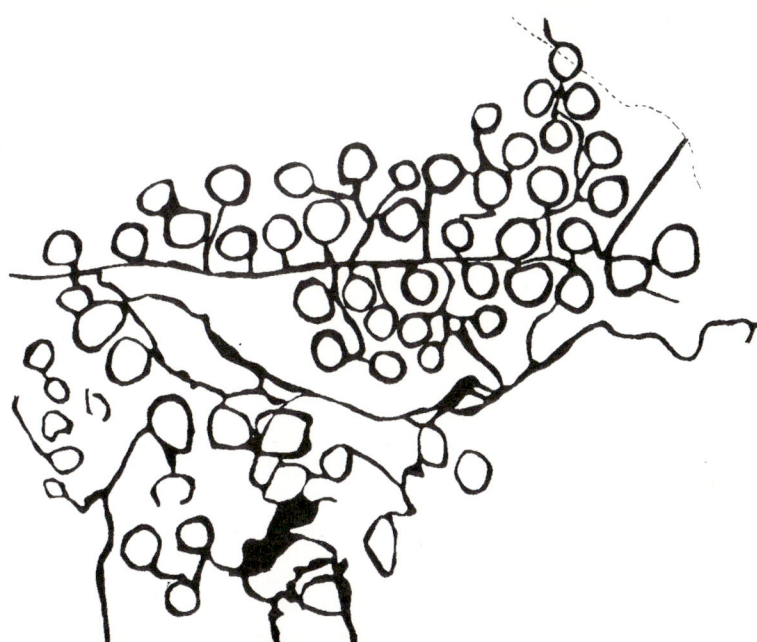

■ 瓦特法尔一波文附近出土的石质环形的复杂刻印。它与赫达赫特大坝（Nooitgedacht Dam）的考古草图上的图案极为类似，从线条上看就像一串葡萄。需要注意的是，它也不具有入口。所有的环形被一些轨道或是道路串连起来。通过前文的介绍，我们已经知道了能量的产生原则，这就是一个能量产生的复杂的早期图像的绝佳例图。轨道将所有的环形连接起来，创建出了一个不断流动的能量网。

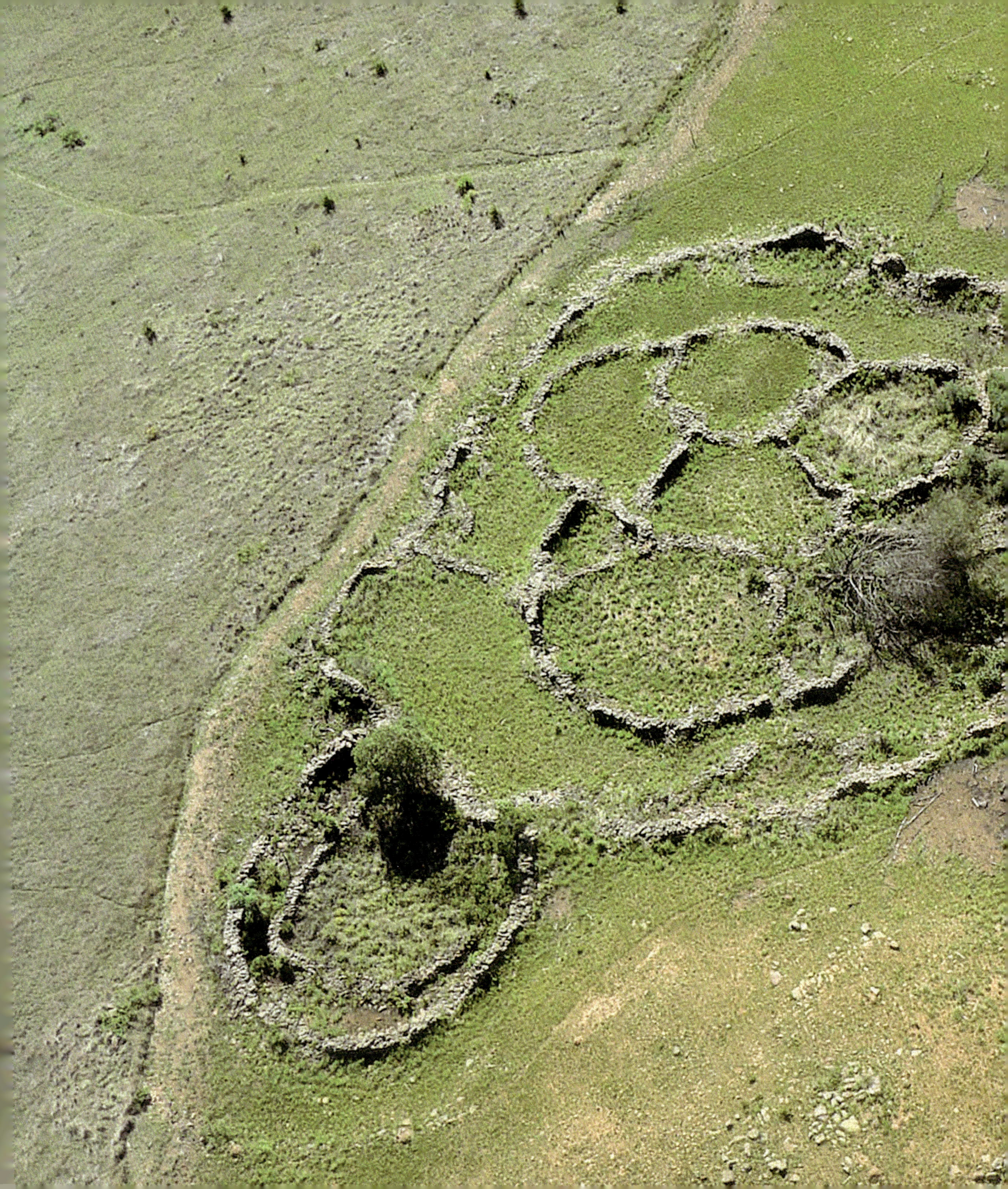

24 鸟瞰图

■ 此图展示了作者研究的最大遗迹之一。据作者的测量，它跨越了150米的长度。我们在它的构造上发现了一个入口，这也许是后来的定居者为了居住进行了二次建造。

下面，我们将为大家展示大量的南非神秘遗址的图片，这些图片都来自航空拍摄。只有在空中的俯拍，才能领略到这些结构的雄伟壮观。通过这些图片，我们之前的很多问题得到了解答；但同样是通过这些图片，又不断涌现出了很多新的疑问。抛开那些让人费解的疑问，只从景观上审视这些图片就足以让人震惊不已。

■ 曾经一度把这些遗迹完全囊括其中的扩展网络原貌我们已无法看到，它已被完全覆盖在沙土和草地之下。注意看那个马蹄形（欧姆形）图案，它们都对着大遗迹的螺旋线——这些形状再次展示了当时的人们对声音和能量的操纵。

■ 成千上万的遗迹都地处于森林地带。它们其中的很多已经被摧毁，或是正在被摧毁。萨佩有限公司（Sappi，Ltd）是一个全球化的造纸公司，它掌控着南非这个区域的纸浆和木材业务。该公司的管理层已经意识到他们的木材开发将对这些遗迹可能带来的严重影响，并加入了马科马提基金会组织，以探讨如何在保护古建筑、古文明的前提下进行合理的木材开发。我认为这远远不够，他们需要付出更多的人力来复原那些数以千计的被他们销毁了的古代遗址。我试图让他们更加深入地参与到古建筑复建工作中，但都被拒绝了。另外一个林业公司管理着亚当历法所在的区域，他们的管理人员千方百计地阻挠我进入那里。同样的事情也发生在了南非政府的水资源和林业部门上，他们试图用各种方法来阻止人们进入该地区和企图让人们远离这些历法。政府部门未曾承认它们是古代遗址，仅将它们视为随处堆砌的石头。

24 鸟瞰图 • 191

■ 如果我提出的理论是正确的，也即，这些遗迹所塑造出的形状是为了产生某种能量。那么，这幅图中的这些遗迹的照片就是一个很好的证明，它描述了一个在该地区的复杂且随机的对声音频率的控制图案。

192 · 24 鸟瞰图

■ 注意看图中的同心圆，它很可能是为声频的振动放大而设计的。那些围绕着中心圆向外扩张的石墙也起到了同样的作用。

24 鸟瞰图

194 · 24 鸟瞰图

24 鸟瞰图 ● 195

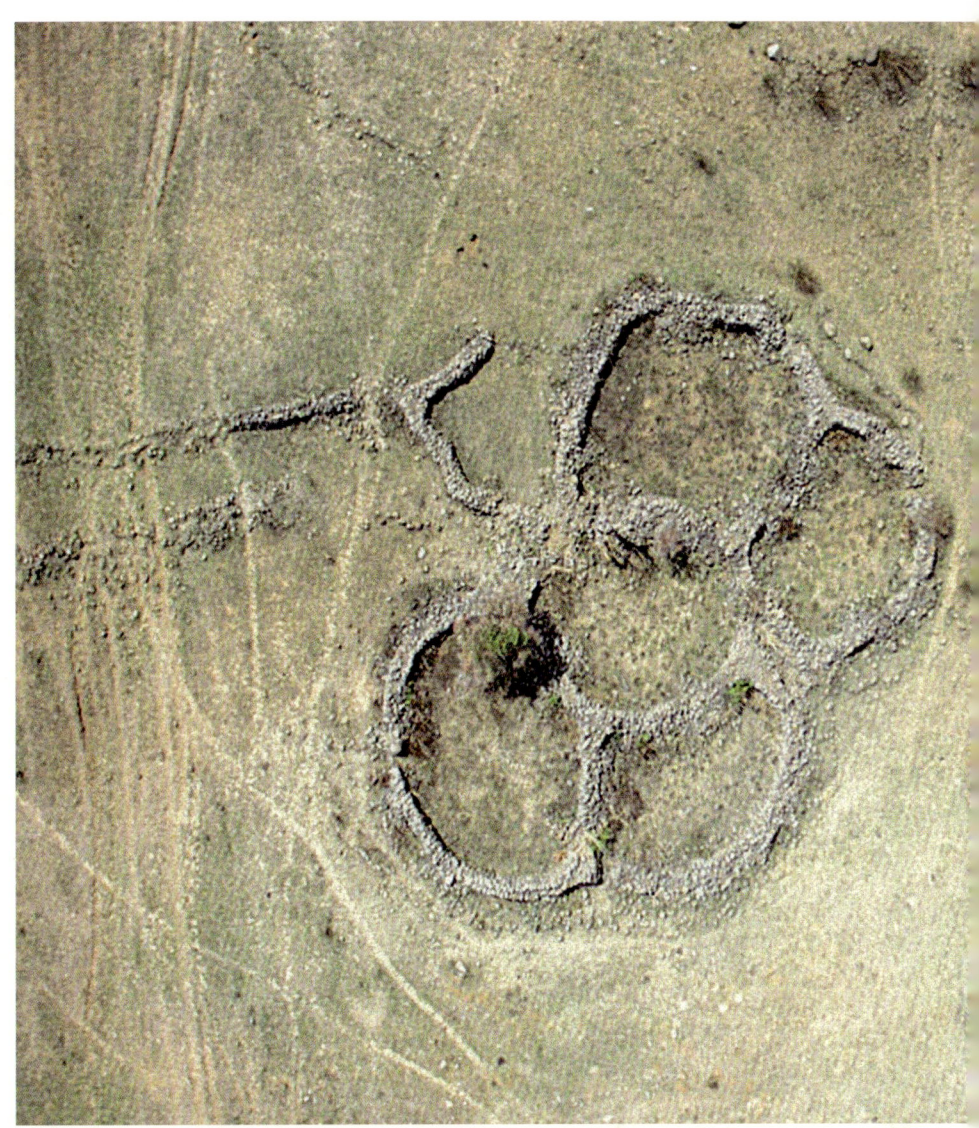

■ 注意看，所有的这些构造都没有入口，除了那些直接进入到构造物中心的轨道的废墟。这是为了引入那些在环形之外产生的能量。有些外围的墙已经不复存在。

■ 一个有着外围墙的石质环的例子。围绕着整个结构的那些类似网络一样的图案仍是清晰可见的。

24 鸟瞰图 · 197

■ 关于石质环和外围墙的较多例子之一。

■ 两组较为清晰的石质环遗迹图片，我们可以隐约看见它们的上方还有一个模糊的石质环遗迹。很多石质环遗迹可能存在，但它们显现出来的特征各有差异，显现特征较少的那些遗迹我们不仔细加以识别则很难辨认出来。

24 鸟瞰图

24 鸟瞰图

■ 在该地区的石质环附着辐射图案的证据。

■ 这是在传统印度教（Hindu）中公认的与生育相关的符号。

■ 在欧姆形状的一个较为典型的例子，它象征着第一批子民的遗迹，他们可以熟练地使用声音，并将他们所掌握的知识传授给世界各地的人们。

■ 有着外围墙的环形。

24 鸟瞰图 · 203

■ 有着清晰能量轨道的遗迹图。

■ 环形结构的中心组以及其他附近的附加组的鸟瞰图。

24 鸟瞰图 205

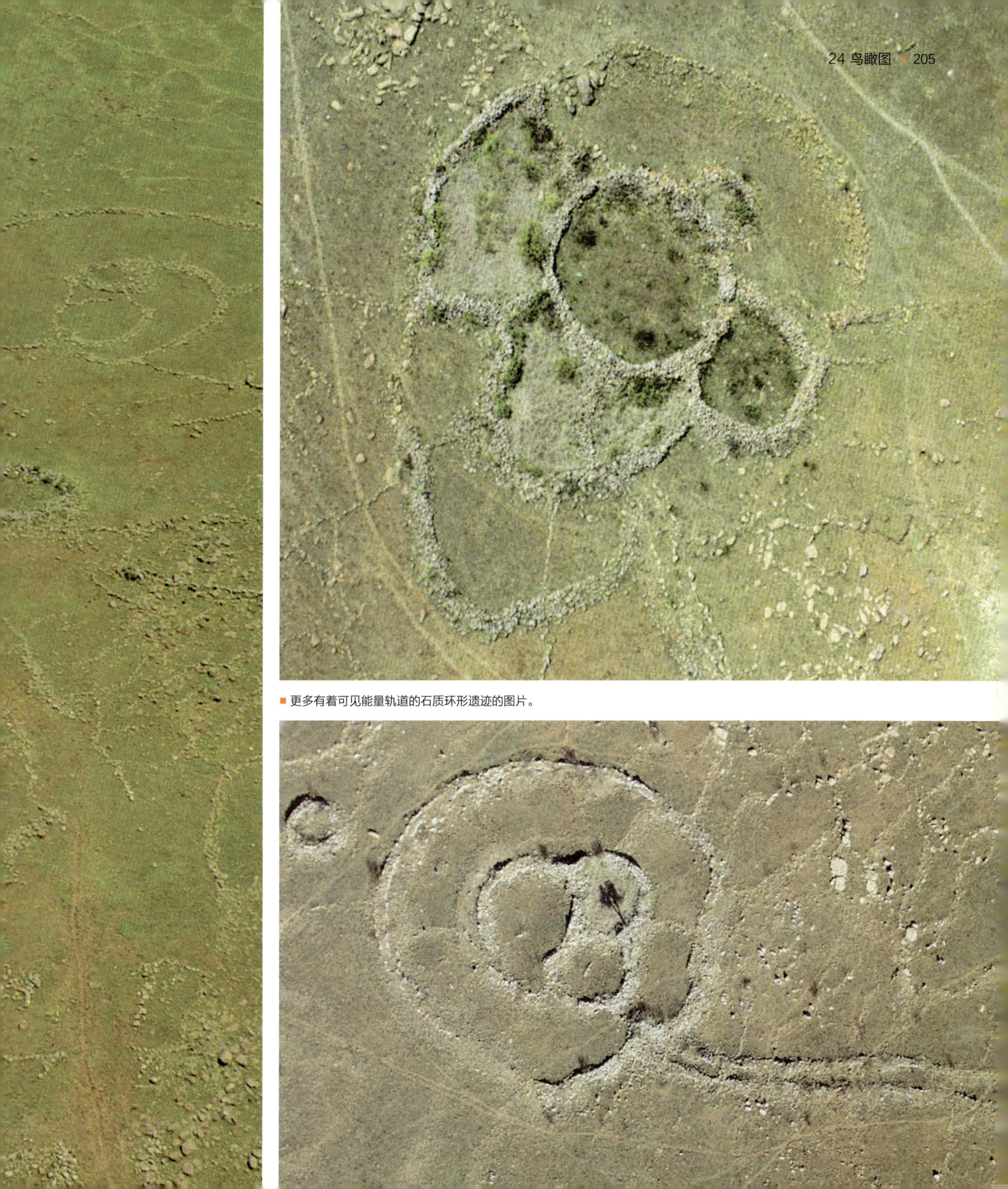

■ 更多有着可见能量轨道的石质环形遗迹的图片。

206 · 24 鸟瞰图

■ 有着外围墙的石质环遗迹，我们还可以在图中看到许多散落的岩石。

24 鸟瞰图 • 207

■ 穿过遗迹的那条路径成为了动物的栖息地。许多野生动物占领了这块遗迹所在的区域。在这里生活的动物中，狒狒是破坏性最强的，它们为了找到蝎子和其他食物搬运和移走了这里的石头。

■ 这个更大一些的石头网络和那些曾经连接在这些结构之上的轨道都建造在了山顶之上，这使得人们很难在地面上观察到它。我们在这个地区的山顶上发现了大量的鱼化石，这为大洪水提供了有力证据。从化石年龄上分析，它们大致发生在 1 万 ~1.4 万年之前。

24 鸟瞰图 209

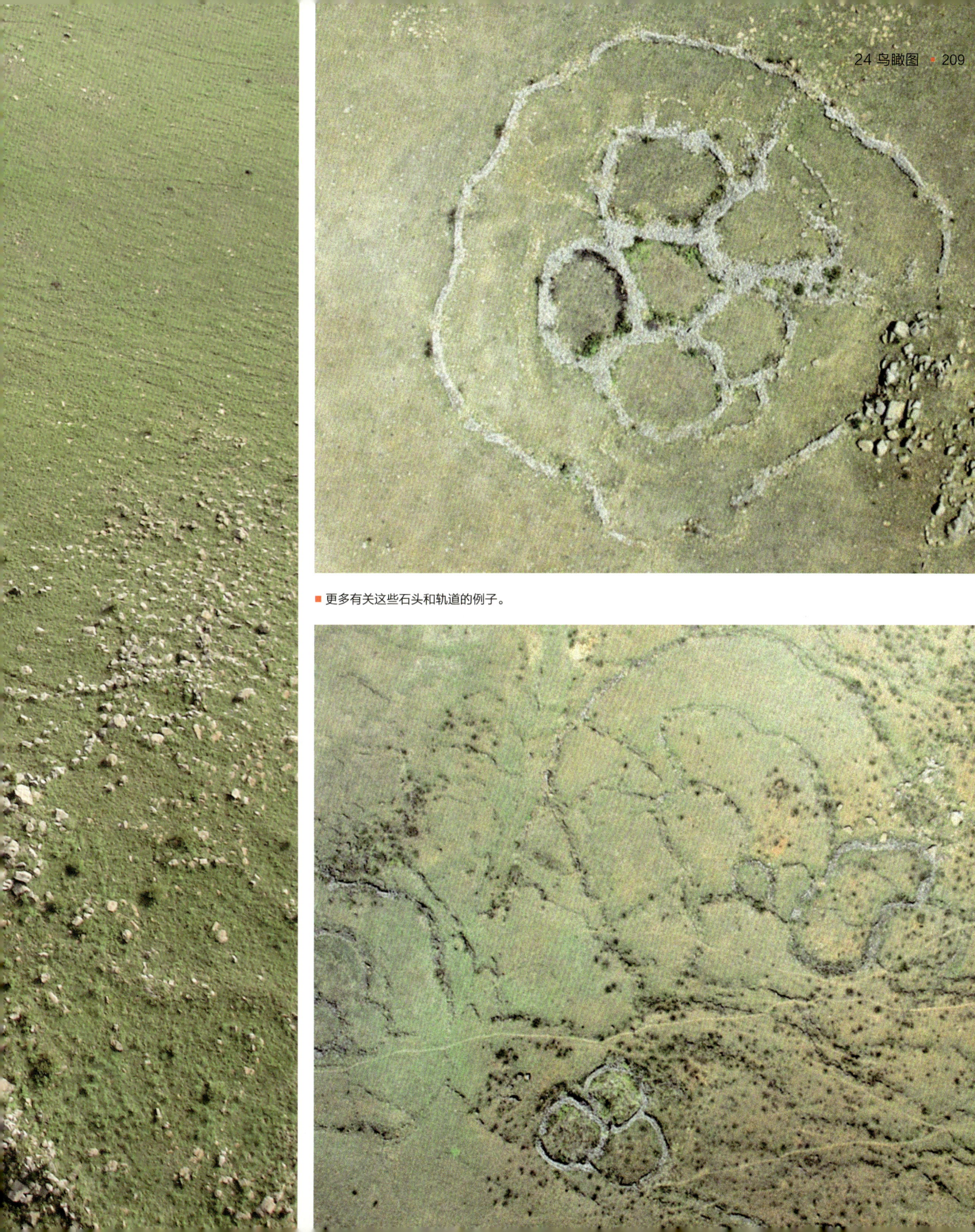

■ 更多有关这些石头和轨道的例子。

210 · 24 鸟瞰图

一个现存的轨道遗迹，我们可以清晰地看出它们将那些环形结构连接了起来。

24 鸟瞰图 ▪ 211

■ 带着多重轨道的石质环结构，它们被囊括在一个网状图案中。

■ 一个有关梯田、轨道和石质环的图片，它们横跨了瓦特法尔—波文的多座山峰。

25 巨石

■ 鸟状的巨石，形似津巴布韦鸟。

214 • 25 巨石

■ 一种奇怪的方形石雕，它们似乎按照某种规律被摆放成型。我们尚不清楚它们的具体含义。

这个遗失的文明与巨石的关系密不可分。就像我们在南非贝尔法斯特附近发现的令人惊奇的鸟状巨石，就与著名而又神秘的津巴布韦鸟之间存在着联系。留意那个鸟的翅膀与津巴布韦鸟的翅膀几乎完全相同。本章的图片展示了大量的由这样一个古代文明所遗留下来的巨石，同时也为读者分享了古人所用工具的一些蛛丝马迹。我们不仅可以通过巨石的形状，甚至可以通过它的材质来分析它们存在的年代与时间。

25 巨石 · 215

■ 尼克·范·诺特维克（Nick van Noordwyk），瓦特法尔-波文的一位地产商人。身高6英尺6英寸（1.98米）的他站在这个神秘鸟状巨石的旁边，直观展现了巨石的大小。

25 巨石

25 巨石 ▪ 217

■ 以上图片展示了不同地点出土的遗迹在形状上具有相似性。我们可以留意石雕上宽大的身躯上又长又细的脖子和头部，也许它们就是津巴布韦鸟的早期原型。

■ 这是目前最重要的发现之一。让作者能够计算出遗迹所在的年代。在这个残损的巨石上长着约有 2 毫米厚的铜绿，我们推断出这些铜绿的生成时间至少有 10 万年。尽管目前尚无科学研究证实，但学术界通常认为这种铜绿的生长极为缓慢。即便 1 000 年的时间也只能长出极为细微的一个薄层。伊丽莎白港（Port Elizabeth）的纳尔逊·曼德拉大学（Nelson Mandela Metropolitan University）曾试图对铜绿的生长进行研究，但最终失败了。我们迫切需要更多更先进的科学研究，采用让人信服的科学手段来确定这些遗迹的年代。

25 巨石 219

■ 略显圆状的巨石

■ 略显圆状的巨石

■ 这是一块被打磨过的巨石，它和印度教所崇拜的湿婆神（Lord Shiva）有着直接联系。笔者相信在南非存在着湿婆的原型，并和那个遗失文明的族人向神所供奉的打磨了的黄金相关。

■ 一个倒下的巨石，它的高度超过了 3.5 米。

■ 南非杜尔斯通（Dullstroom）附近的一块超过 5 米高的巨石。同样也和鸟状巨石原型的外形相似，有着宽大的底部和细长的顶部。

■ 约翰·海涅正考察南非的一处遗迹，他的手按住了堆叠成墙的许多石头中的一块。

■ 另一个用巨型石头砌成的墙。这种巨型石头和印度教的习俗及信仰有着较大关联，似乎印度人从南非的遗失文明那里继承了他们的符号。从遗迹的年代分析，我几乎可以肯定我的推断是正确的。尽管印度的黄金矿工可能将一些遗迹进行过改造，但从很多原始建筑的入口看来，联系仍然是显而易见的。

25 巨石 ● 225

■ 笔者展示了另外两个津巴布韦鸟原型的例子。其中一个的旁边还有某种特殊形状的石器，其用途尚未明确。

226 ▪ 25 巨石

■ 另一个美妙的鸟状雕塑。

■ 诸多地质学家对南非出土的这些大量的奇形怪状的巨石和工具感到困惑。他们认为持有这些古代文明的人类一定拥有某种模具，才能大规模地制造这些石质物件，而并非逐一地在石头上雕刻符号和图案。显然，这些学者并不知晓这些遗迹的真实内涵，他们不明白这些巨石圈代表着古代人对能量流的应用，所以才会简单地理解为他们是用了某种模具批量制造了这些物件。

26 巨人、工具与其他的异象

■ 作者站在一个巨人脚印旁。这个嵌在石头中的神秘脚印位于南非。这个脚印大约有 120 厘米高，直到今天仍是南非考古学界最大的谜团之一。

■ 迈克尔·特林格（Michael Tellinger）和博斯科普人的头骨，拍摄于南非伊丽莎白港的博物馆。

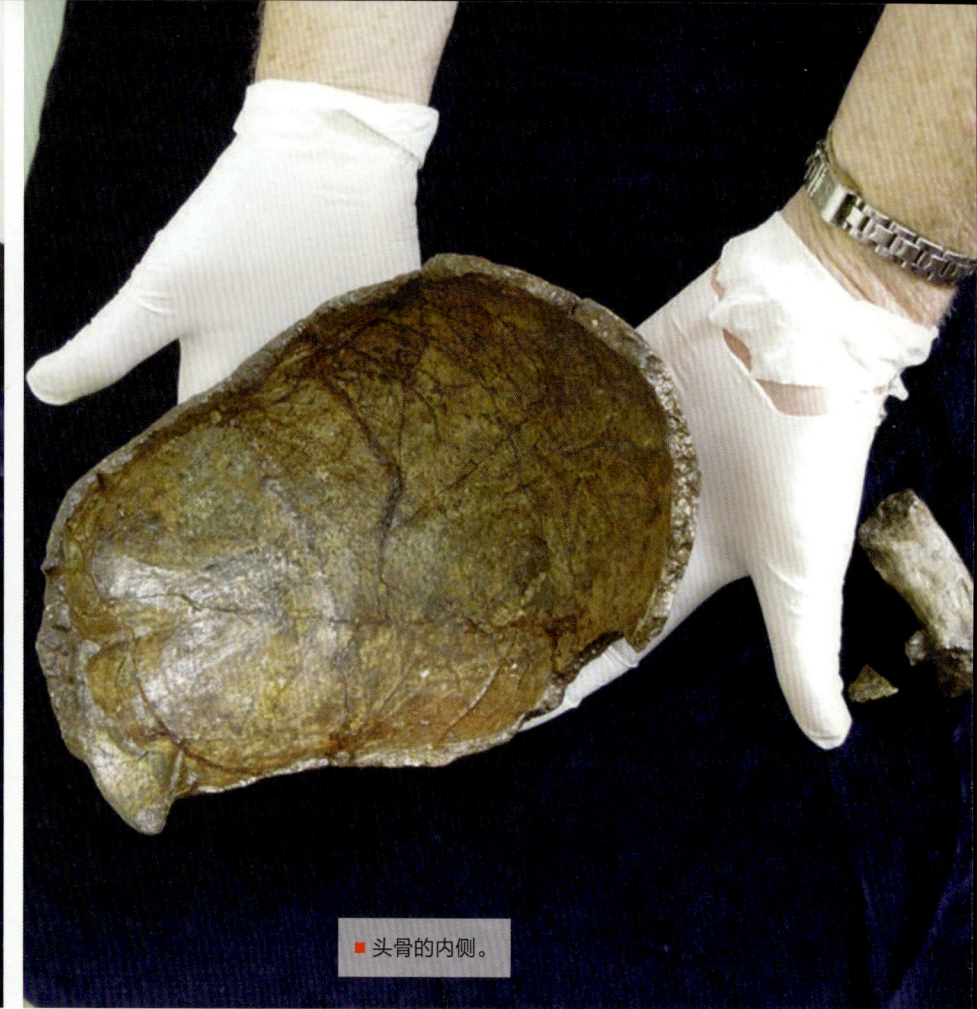

■ 头骨的内侧。

■ 博斯科普人的头骨（左）和现代人头骨（右）在大小上的差距。

这场穿越众多石质遗迹的旅行充斥了很多未解之谜，其中大部分信息可能与当代历史的主流观点相悖。花岗岩上的那枚巨人脚印就是典型的例证，它处于南非马普鲁兹（Mpuluzi）附近，它给我们展现了一幅不可想象的画面。这并非是个恶作剧，大部分考古学家和学者都选择了单纯地回避这个问题，没有一个科学家可以给这些问题进行一个准确的答复。为了了解地球真正的历史，我们不得不努力寻求办法去解释这些现象。《圣经》所提到的亚衲金人（Anakim）以及地球上的巨人，也许他们确实存在过。

世界上所有的人类历史都有着巨人的传说。大量宗教及经典都不断提到有这样一种巨人曾与人类一起生活，他们有着巨大的与人类相似的身躯。《圣经》中将提及了亚衲（Anak）巨人，美洲土著传说有俄亥俄（Ohio）巨人和神秘的俄亥俄土丘，几乎每一个古代文明的历史中都出现过巨人的词汇。

20世纪初找到的那个充满谜团的博斯科普人（Boskop）的头骨证实：曾经有比现代人类头骨大25%的人类的存在，他们站立起来足有8英尺（2.44米）高。这些骨头碎片就保管在南非各个博物馆的保险柜中。但这样的证据完全不支持那个漂亮的童话故事——人类的诞生源于伊甸园中美丽的亚当和夏娃的结合。也正是这个证据引导着我挑战现今的主流观点，努力探寻人类起源的真理。南非著名的金山大学（简称WITS）的人类学分院拥有一块保存完好的髋骨样本，从这个化石上分析，当时的人类比我们现在的人类要大50%左右。

《摩柯婆罗多》（Mahabharata）这本经书就对巨人有过较为详细的描述，书中清晰刻画了印度历史中的巨人的存在。

> 比玛（Bhima）已然深深为她所吸引，7个月的时间飞逝，他们始终沉浸于欢愉当中……7个月后，她生下了一个儿子。数日内这个男孩就长成青年并最终成为可怕的罗刹（Raksasa）（巨人）。他巨大的身躯令人恐惧，有着强健的肌肉、光亮的秃头、可怕的红色瞳孔、尖长的鼻子和箭头般尖锐的耳朵。他有着宽阔的胸脯，站立起来犹如棕榈树般高大。

克劳斯·多纳（Klaus Dona）是研究"人类起源"方向的一个世界级的领军人物，他曾在厄瓜多尔（Ecuador）发现了轰动一时的巨人骨头。他证实了人类历史上曾有7.5米高的人在地球上生活。根据多纳提供的照片和其他一些尚未公开的证据，多纳坚信，他所发现的巨人正好与南非发现的巨大脚印相匹配。

本章初页展示的那个巨大脚印，毫无疑问是我阐述巨人历史时最喜欢的例证。在《南非地质学》一书中，这部分地层被称为马普鲁兹基岩（花岗岩），其生成年代的官方说法大约在31亿年前。这是一个需要细致科学考察的谜团，而不是那些肤浅科学者们能够完成的。时至今日，只有一小部分学者真正地考察过这里，并为这里的奇特发现而倾倒。而有部分从未亲眼见过这些证据的学者，却保守地持着旧有观点，认为巨大的脚印只是一个恶作剧或是偶然的自然因素造成。他们反复强调从花岗岩的形成机理来分析，根本不可能出现那样巨大的脚印形状。事实上，自然因素是不可能造就出这样的脚印的，这点甚至没有争论的必要。这里我们借用一位教授的说法。伊丽莎白港大学的皮特·瓦格纳教授曾说过，"我宁可相信这个巨大的脚印源自绿色的小个子外星人用舌头舔造而成，也不愿相信它是自然腐蚀形成的。"

或许我们应该问问自己，我们是否认识并掌握了真正的地质学。大多数科学的"真相"都仅是建立在我们所未能理解的自然力的基础上。这包括了陆地的形成、远古大陆各种物质的沉积，以及究竟发生了什么才会把花岗岩变成烂泥一般并保持如此长的时间。当我们从量子力学、真空零点能，以及地质学的新发现中不断学到新知识后，我们会开始慢慢理解炼金术和元素演化的奥秘，然后开始体会真正的科学。

脚印位于南非马普鲁兹镇的周边，邻近斯威士兰。这块脚印巨石是1912年一个名叫斯托菲尔（Stoffel）的农民在捕猎时发现的。那时候的南非还被称为东德兰士瓦，那里有着丰富的野生动物，包括羚类和狮子。如今脚印还和当初第一次发现它的时候保持一样。我认为它出于人为恶作剧的可能太低，毕竟它地处偏远，甚至今天，人们也很难轻易地将其找到。这块石头可以被称作斑晶花岗岩或是粗晶花岗岩，其形成需要经过多个阶段的冷却（我相信这是一个关键点），因此才有了这有意思的大小颗粒混杂的样子。这也是花岗岩制品公司喜欢对这一带实施开采的原因——这些花岗岩确实非常漂亮，打磨后可以轻松

■ 圣石

地售卖到世界各地。

部分学者提出的反驳意见是："花岗岩上是无法踩出脚印的"。我承认他们的看法，但问题是这些脚印实实在在的存在于那里，它们是如何留下的？这些脚印并非我们臆造出来的虚构物，我们无法视而不见。

另一个不同寻常的发现就是穆特瓦所说的"圣石"（Sacred Stones）。部分学者将它们称为挖掘石，被认为是班图的居民或游猎部落的采集者在挖掘土地时用来固定的重物。

■ 在瓦特法尔—波文发现的一些小型雕塑，约15厘米高。据估算，它们可能是地球上最古老的雕塑。

■ 巨大的石制工具，45厘米长。我们在山顶的一处石圈遗址里将其发现，并同时发现了大量石器时代的工具。

26 巨人、工具与其他的异象

■ 我们这颗美丽的星球藏匿着许多超乎我们理解的谜团。

26 巨人、工具与其他的异象 · 235

这是一个荒唐可笑的想法，成百上千这样的石头散布在南非每一个地方，这无疑是个巨大的谜团，我认为这是能量共振所需要的一种工具。石头中间的洞有各种不同大小和形状，声音经过时会产生特定频率的振动。第一批子民掌握了这种知识，并将其用在建造石质住所和采集金属上。每一个石头都有着独特的作用，并仔细调校到所需的频率。

这些石头不管形状如何，它们都客观展示出了我们人类过去的历史，这也是困扰今天的我们的最大谜团。打开你的双眼，做一个真正的科学者吧。不要害怕你所发现的事物，也不要为与他人分享知识而迟疑——即便他们很可能会在不加了解的前提下随意嘲笑你的看法。

236 ▪ 26 巨人、工具与其他的异象

结 语

本书向读者展示了人类远古历史中最重要的一些谜团。从我们收集到的图片看，曾经的南非无疑发生过许多不同寻常的故事。我们现代人对人类历史的认知仅是过去历史中的冰山一角。我相信本书的阅读会启发你提出更多问题，针对这些问题去探索、去展开一场比想象更加有趣的发现之旅。

如果你觉得本书正合你口味，或者想要了解更多，可以读一下我的另一本书《物种之神》。在那本书里我讨论了苏美尔泥板所记载的事情：人类的诞生、地球的众神、各个文明的内在联系，和人类对神的不懈追寻。这听起来或许就像神话小说，但我所论证的都是一个个引人入胜的真相。